教科につなげる日本語

基礎編

有本昌代

スリーエーネットワーク

©2019 by ARIMOTO Masayo

All rights reserved. No part of this publication may be reproduced, stored in a retrieval system, or transmitted in any form or by any means, electronic, mechanical, photocopying, recording, or otherwise, without the prior written permission of the Publisher.

Published by 3A Corporation.
Trusty Kojimachi Bldg., 2F, 4, Kojimachi 3-Chome, Chiyoda-ku, Tokyo 102-0083, Japan

ISBN978-4-88319-804-7 C0081

First published 2019
Printed in Japan

はじめに

　2018 年の出入国管理及び難民認定法の改正等により日本で生活する外国人が増加し、それに伴い今後ますます日本の学校で学ぶ外国人児童生徒の数は増加し、多様化すると予想されます。その際、外国人児童生徒にとっても日本語の習得ならびに年齢に応じた学力や考える力、表現する力を育てることが重要となります。そこで、日本語の学習を通し学齢期にふさわしいテーマで教科の基礎となる語彙や知識、考える力、表現する力を育てる内容重視の日本語教材として開発したのが、本教材です。

　本教材は日本の中学や高校に在籍する外国人生徒、さらに帰国子女、日本語学校や大学の留学生を対象とし幅広く使うことができます。外国人生徒や帰国子女の生徒に対しては、内容を重視して日本語力や興味、学校の教科指導の進度に合わせてトピックを選んで学習するのが効果的です。例えば社会科を例に挙げると、主に高校 1 年次に現代社会、2 年次に歴史、3 年次に政治経済を学ぶことが多く、それぞれの教科に関連した読み物を読むことで日本語学習とともに教科の基本となる語彙や知識を学ぶことができるので、教科内容を理解する橋渡しとなります。さらに日本語学校や大学の留学生にとっても日本語の四技能の学習に加え日本の学校の教育内容や日本事情についても学ぶことができ、より日本社会や文化への理解を深めることができると考えます。

　各トピックには必ずアウトプットをする活動を設けています。日本の学校教育は大きな改革を迎え、アクティブ・ラーニングを積極的に導入し、今後さらに思考力、判断力、表現力が重視されます。プレゼンテーション、ディベート、スキット、インタビューなど様々な活動を通し日本語でアウトプットを行い、総合的な日本語のスキルと発表力、伝達力、発信力を育成することができます。

　本教材が日本語を学ぶ学習者の皆様、日本語を教えられる教員の皆様のお役に立つことを心より願っております。

2019 年 11 月　有本昌代

本教材で指導される先生方へ

本教材の構成・ねらい

本教材は基礎編（初級レベル）、応用編（中級レベル）、発展編（上級レベル）で構成されます。

基礎編	自己や自国の紹介や身近な生活に焦点を当て、調べる、まとめる、発表することを通し、自己発信することを学ぶ。
応用編	文化的、社会的な面に目を向け、より深く知識や物事を学ぶ。ディベート、インタビュー形式の会話など様々な場面や方法で発信することで学習言語としての日本語の力を伸ばす。
発展編	より深く自己や社会、世界を見つめ、情報を集め、テーマに対する他者の意見を聞き、自分の意見を深める。アカデミックなテーマから世界へと視野を広げ考える力と実践的な日本語の力を身につける。

全体のコンセプト

本教材では、日本語学習と様々な教科の内容を連携させ、日本語の文型や教科の語彙・知識を学びながら、「聞く、読む、話す、書く」の四技能を総合的に伸ばします。

学校教育における最終的な目標は、各教科で学んだ知識を融合的、統合的に活用させることであると考え、本教材は以下の「７つの育てたい力」を目標として立て、そ

の理念のもと多様な教科内容に関連させて各トピックを作成し、学習内容と活動の開発を行いました。そして、各トピックでの学習を通し、「身につけさせたい7つのスキル」（以下参照）を育成することを目指しています。

◆**考える力につなげる「7つの育てたい力」**

①文化を創造する

②環境問題を考える

③人生・生き方を考える

④世界に関心を持つ

⑤歴史・伝統から学ぶ

⑥新しい時代に適応する

⑦国境を越えたつながりを知る

◆**生きる力・考える力につなげる「身につけさせたい7つのスキル」**

①批判的思考力

②経験・歴史・先人から学ぶ力

③知識活用力

④問題発見・解決する力

⑤想像力・創造力

⑥表現力・発信力

⑦コミュニケーション力・話し合う力・協調力

各トピックの基本的な流れ

それぞれのトピックの学習の流れは、下記の項目で構成されています。

⑴ はじめに：トピックについて知っていることを確認したり、興味を引き出したりする。

⑵ リスニング：本文やリスニング用に本文を要約した文章を聞き、内容理解と言葉の聞き取りを行う。

⑶ 漢字言葉学習：絵カードや言葉カードを使って読み方や意味を学ぶ。定着させるために、カードを使って様々な活動を行う。漢字の使用については、本教材では原則として、小学4年生以上の漢字にルビを振っているが、副教材の言葉カード等を活用し、漢字圏、非漢字圏を問わずルビがなくても漢字の読みと意味が理解できることを目指す。

　　　＊漢字の書きについては、漢字圏か非漢字圏かによって既得知識が異なるので担当の先生のご判断にお任せします。個々の場合に応じてご対応いただきたいと思います。

⑷ 文法学習：文型や活用形を学習し、学習する文法を使った例文を作成する。

⑸ 内容理解：本文に関する内容理解と応用的な問題をする。段階を経て、要約する力、発信する力を育てていく。

⑹ 活動：各トピックで学んだ内容をもとに、作文、ディベート、プレゼンテーション、ポスター発表、ディスカッションなど様々な活動を行い、実践的かつ総合的に日本語を使う練習をする。

学習時間

基礎編（12トピック）：1トピックにつき7時間〜10時間

　＊学習時間は、活動に充てる時間によって変わる可能性があります。

　「指導の目安」も参考にしてください。

補助教材

　基礎編の補助教材を https://www.3anet.co.jp/np/books/3934/ で公開しています。
補助教材を効果的に使っていただくことで、学習効果が高められると思います。ぜひ
ご活用ください。

- ・リスニング問題の音声
- ・解答
- ・指導の目安：各トピックの目標、使用語彙、学習文型、絵カードの語彙、学習内容、
  具体的な時間配分と進め方などについてまとめています。
- ・言葉カード
- ・絵カード
- ・トピック4、12：「活動」サンプルクイズ
- ・トピック5、10：パワーポイント資料
- ・トピック10：慣用句一覧
- ・評価表
- ・サンプルトピック「節分の歴史」：各トピックの構成はこのような形式となってい
  ます。なお、このサンプルトピックは基礎編「トピック9日本料理」の活動で恵方
  巻きを作る際に使う教材となっています。併せて活用してください。

学習項目一覧

トピック	1 自己紹介をしよう	2 学校生活	3 日本の行事	4 世界の国を紹介しよう
ねらい	いろいろな場面で自己紹介ができるように、マインドマップを使って考えをまとめ、自己紹介文を作成する。	自国の学校生活と日本の学校生活を比較しながら紹介する。日本の学校生活や行事の言葉を学び、自分が経験している日本の学校生活について紹介する。	季節の行事について学び、日本文化に触れることで、日本での生活を楽しむ。活動では日本の行事や母国の行事を発表する。	社会科地理の学習の準備段階として、地理の基本的な言葉や概要を本文で学ぶ。また、自国や興味のある国について調べて発表することによって、学習の理解を深める。
活動	①インタビュー ②作文・発表	①インタビュー ②紹介ビデオ作成	①インフォメーション・ギャップ ②リサーチ・発表	①リサーチ・発表 ②クイズ大会
関連する教科	国語（紹介文）	国語（比較文）	国語（説明文）	国語(説明文)、地理、現代社会、歴史
文法学習	1．〜て／で（並列） 2．〜たり、〜たりする 3．〜こと 4．〜ことができる 5．〜より〜 〜ほど〜ない 6．でも（逆接） 7．〜たい 〜たがっている 8．〜から（継起） 9．〜始める 10．〜から（理由） 11．それから（順接、追加） 12．〜たあと（で） 13．〜（に／く）なる 14．〜つもりだ 15．だから（順接）	1．〜前（に） 2．〜たばかりだ 3．〜て／で(理由) 4．〜てしまう 5．〜てくる／いく 6．〜なければいけない 7．〜ので（理由） 8．〜てはいけない 9．〜てもいい 〜なくてもいい 10．〜たことがある 〜たことがない 11．〜てはじめて 12．〜ところだ 13．〜ようになる（変化） 14．〜と思う／思っている 15．〜も 〜ても／でも	1．そして（順接） 2．〜ためだ（目的） 3．〜と、〜 4．〜てある 5．〜てみる 6．〜ながら（同時） 7．なぜなら〜からだ 8．受身 9．〜く／に＋動詞 10．〜ておく 11．このように 12．〜は〜と比べて	1．連体修飾節 2．〜について 3．〜は〜にいる／ある 4．〜は〜の〜倍／〜分の〜／〜％だ 5．〜のに 6．〜は〜によって（違う・変わる） 7．〜は〜が、〜は〜 8．〜という〜 9．しかし 10．〜ことになる 11．〜の〜はところだ 12．〜ように（目的）

トピック	5 昔話	6 地球を知る	7 絶滅動物 －シーラカンス－	8 野口英世と 医学の進歩
ねらい	日本の昔話を学び、自国の昔話と比べて共通点や相違点を探り、文化について考える。基礎編では物語を読んで、物語の基礎となる登場人物の関係性や物語の起承転結を学び、あらすじをまとめる。	理科や社会で学ぶ基本的な言葉を本文で学び、地球や生命の誕生の歴史について理解する。また、現在の私たちの便利な生活はこれまでに発明されたもののおかげであることを知り、代表的な発明品について時代背景とともに学ぶ。活動では自分も発明家になったつもりで、これから役に立ちそうな発明品を考え、紹介する。	説明文を読み、原因と結果の構成を読み取る。活動ではインターネットを使って情報を集め、集めた情報を本文を参考に説明文のスタイルでまとめ、ポスター発表を行う。ポスター発表を通し、多くの人に発信したり、コミュニケーションを広げたりすることを学ぶ。	日本のお札に描かれた偉人を通し、日本の歴史や文化を学ぶ。さらに、他国のお金の単位や価値、描かれている人物についても調べ、発表する。
活動	①あらすじをまとめる・発表 ②発表内容の確認	①商品紹介 ②発明品発表	①リサーチ・発表 ②クイズポスター作成	①リサーチ ②リサーチ・ポスター発表
関連する教科	国語（物語文）	国語（説明文）、地学、地理	国語（説明文）、生物、地理	国語（伝記）、歴史
文法学習	1．～から～まで 2．～に行く 3．すると 4．使役 5．～ことにする 6．～途中（で） 7．（～て）あげる （～て）もらう （～て）くれる 8．～ないで、～する 9．また（並列） 10．～のに対し、～ 11．～ようだ（推量） 12．～につれ	1．～と考えられている 2．～すぎる 3．～のは 4．～なら（条件） 5．～だけでなく～も 6．～ことで、～ことができる 7．～ましょう 8．～かもしれない	1．～しか～ない 2．疑問詞～のでしょうか 3．そのため（理由） 4．～のではないか 5．～はもちろん～も 6．～まま 7．～と言っても～ 8．～やすい	1．～せいで 2．～ず（に） 3．～おかげで 4．～ながら（も）（逆接） 5．～にこたえて 6．～がなければ／なければ 7．～に限らず 8．～を問わず

(9)

トピック	**9** 日本料理	**10** 慣用句	**11** オリンピック	**12** 世界遺産
ねらい	日本料理を通し、日本の文化や考え方について理解し、健康的な食生活について考える。節分の恵方巻きを作る活動を通し、楽しみながら、日本料理や文化への理解を深める。	慣用句について学び、活動では慣用句を使って会話文を作り、簡単なスキット（寸劇）を行う。アウトプットを通し、楽しく日本語を使う練習をする。	オリンピックの歴史を学び、その中の競技の一つでもある柔道の歴史とその目的について理解を深め、スポーツの楽しさを学ぶ。夏季オリンピックや冬季オリンピックが開催される時期に合わせて学ぶと、時事に関心をもって学ぶことができる。	日本や世界の貴重な世界遺産について理解を深め、大切な文化財を守り、伝えることを学ぶ。世界遺産から日本の地理や世界の地理について学び、世界遺産に登録されている建造物の歴史についても理解を広げることができる。
活動	①教科関連学習 ②恵方巻きを作る	①リサーチ ②スキット作り	①クロスワードパズル ②リサーチ・発表	①パンフレット作り ②クイズ大会
関連する教科	国語（会話文）、家庭科	国語（表現）	国語（説明文）、歴史、体育	国語（説明文）、地理、現代社会
文法学習	1．～ったら 2．～んだ／のだ 3．～ようになる（習慣） 4．～は～に形容詞 5．～についで 6．～といえば 7．～として 8．～にくい 9．～ようにする 　　～ないようにする 10．～ごと 11．～も～（きれ）ない 12．～にしても～にしても	1．～と同じように 2．～そうだ（推量） 3．～通り（に） 4．～のではない 5．～という～ 6．どんなに～（て）も 7．～場合 8．～よりも～の方が 9．きっと～でしょう 10．つまり（結論）	1．～を通じて 2．～によって（受身） 3．～を通して 4．～に対する／対して 5．～をきっかけに 6．～て／でならない	1．～そうだ（伝聞） 2．～は～というものだ 3．～（という）だけのことはある 4．～かどうか 5．～たいものだ

目次

本教材で指導される先生方へ ——— (4)
学習項目一覧 ——— (8)

トピック 1	自己紹介をしよう	1
トピック 2	学校生活	21
トピック 3	日本の行事	47
トピック 4	世界の国を紹介しよう	69
トピック 5	昔話	89
トピック 6	地球を知る	111
トピック 7	絶滅動物－シーラカンス－	133
トピック 8	野口英世と医学の進歩	153
トピック 9	日本料理	171
トピック 10	慣用句	193
トピック 11	オリンピック	213
トピック 12	世界遺産	235

リスニング用スクリプト ——— 255
「つなぎ言葉」のまとめ ——— 258

トピック 1

自己紹介をしよう

日本で生活すると、いろいろな場面で日本語で自己紹介をする機会があります。よく使う表現を覚えて自己紹介できるようにしましょう。話したいことを考え、作文を書きましょう。先生に作文をチェックしてもらい、正しい日本語の表現を覚えましょう。

トピック **1** ｜ 自己紹介をしよう

はじめに

◆次の質問に答えましょう。

1．あなたはどこの国から来ましたか。

2．あなたはいつ日本に来ましたか。

3．あなたの好きなもの（食べ物、スポーツ、アニメ、歌手など）は何ですか。

4．あなたの好きな教科、苦手な教科は何ですか。

5．あなたは学校で何のクラブに入っていますか。

6．あなたはそのクラブで何をしますか。

7．あなたは休みの日に何をしますか。

8．あなたは日本で何がしたいですか。

トピック **1** ｜ 自己紹介をしよう

リスニング

◆本文を聞きましょう。本文を見ないで、質問に答えましょう。

1．この人の名前は何ですか。

2．この人はどこの国から来ましたか。

3．この人は何歳の時に日本に来ましたか。

4．この人は何人家族ですか。

5．この人の得意な教科と苦手な教科は何ですか。

6．この人は将来どんな仕事がしたいと言っていますか。

＊音声は https://www.3anet.co.jp/np/books/3934/ で聞いてください。

トピック **1** 　自己紹介をしよう

本文

　はじめまして。私の名前は、アッチャラー・シラパットです。私は、タイのバンコクで生まれました。私の誕生日は10月4日で、今17歳です。1年前に日本に来ました。私は、5人家族です。父と母と兄と妹と私です。父は会社員で、母は教師です。兄は大学生で、妹は中学生です。

　私の趣味は、絵を描いたり、料理を作ったりすることです。得意な教科は英語で、苦手な教科は数学です。私はピアノを弾くことができます。

　私の国は1年中暑いです。日本の季節は春、夏、秋、冬の4つですが、タイの季節は3つです。雨が降る季節、降らない季節、一番暑い季節です。タイは、タイ料理とムエタイと伝統的な踊りが有名です。私の国は日本より少し大きいですが、人口は日本ほど多くないです。日本よりビルも少ないです。でも自然がたくさんあります。ゾウやトラなどの動物もたくさんいます。

　私は日本でたくさん友達を作りたいです。クラブ活動にも興味があります。日本に来てからギターを習い始めたから、まだ上手じゃありません。軽音楽部に入って、もっと上手になりたいです。それから、家族といろいろなところに旅行に行きたいです。私の妹は北海道でスキーをしたがっています。

　私は将来日本の大学に行って、観光の勉強がしたいです。大学を卒業したあとは、日本でツアーガイドになるつもりです。だから、高校で日本語をたくさん勉強したいです。そしてタイ人の観光客に日本を紹介したいです。みなさんこれからよろしくお願いします。

トピック **1** ｜ 自己紹介をしよう

言葉リスト

◆次の言葉の読み方を書きなさい。わからない言葉の意味を調べましょう。

言葉	読み方	意味
誕生日		
家族		
父		
母		
兄		
妹		
会社員		
教師		
大学生		
中学生		
趣味		
絵を描く		
料理を作る		
得意な		
教科		
英語		
苦手な		
数学		
ピアノを弾く		
暑い		
季節		
伝統的		

踊り		
有名な		
人口		
多い		
ビル		
少ない		
自然		
動物		
友達		
クラブ活動		
興味		
習う		
上手な		
軽音楽部		
いろいろな		
旅行		
北海道		
スキーをする		
将来		
大学		
観光		
卒業する		
ツアーガイド		
観光客		
紹介する		

トピック **1** ｜ 自己紹介をしよう

漢字言葉学習

１．次の漢字の読み方を書きなさい。

（１）名前　　　（　　　　　　　　　）　　（２）家族　　　（　　　　　　　　　）

（３）誕生日　　（　　　　　　　　　）　　（４）趣味　　　（　　　　　　　　　）

（５）季節　　　（　　　　　　　　　）　　（６）得意　　　（　　　　　　　　　）

（７）料理　　　（　　　　　　　　　）　　（８）教科　　　（　　　　　　　　　）

（９）英語　　　（　　　　　　　　　）　　（10）苦手　　　（　　　　　　　　　）

（11）数学　　　（　　　　　　　　　）　　（12）暑い　　　（　　　　　　　　　）

（13）多い　　　（　　　　　　　　　）　　（14）興味　　　（　　　　　　　　　）

（15）有名　　　（　　　　　　　　　）　　（16）旅行　　　（　　　　　　　　　）

（17）将来　　　（　　　　　　　　　）　　（18）勉強　　　（　　　　　　　　　）

（19）友達　　　（　　　　　　　　　）　　（20）自然　　　（　　　　　　　　　）

２．次は何の言葉を説明していますか。本文の中から見つけなさい。

（１）生まれた日　　　　　　　　　　　　　　　　　（　　　　　　　　　　　　）

（２）時間がある時にする好きなこと　　　　　　　　（　　　　　　　　　　　　）

（３）学校で放課後にする文化系や運動系などの活動　（　　　　　　　　　　　　）

（４）森、山、川、海など　　　　　　　　　　　　　（　　　　　　　　　　　　）

（５）「上手で自信を持っている」という意味の言葉　（　　　　　　　　　　　　）

7

トピック **1** ｜ 自己紹介をしよう

文法学習

1. 名詞 ＋で、〜
   イ形容詞（い→く）＋て、〜
   ナ形容詞（な→×）＋で、〜
   動詞（　　　形）、〜

「〜で、そして〜。」2つ以上の言葉をならべてつなぐ。

（1）私の兄は＿＿＿＿＿＿＿＿＿＿＿＿＿＿＿＿＿＿＿、一人で東京に住んでいます。

（2）電車は＿＿＿＿＿＿＿＿＿＿＿＿＿＿＿＿＿＿＿＿＿、速いです。

（3）＿＿＿＿＿＿＿＿＿＿＿＿＿＿＿＿＿＿＿＿＿＿＿＿＿＿＿＿＿＿

2. 動詞（　　　形）＋り、動詞（　　　形）＋りする

2つ以上の動作を例に言う。

（1）週末に掃除をしたり、＿＿＿＿＿＿＿＿＿＿＿＿＿＿＿＿＿＿＿＿＿

（2）春休みに＿＿＿＿＿＿＿＿＿＿＿＿＿＿＿＿＿＿＿＿＿たりしました。

（3）＿＿＿＿＿＿＿＿＿＿＿＿＿＿＿＿＿＿＿＿＿＿＿＿＿＿＿＿＿＿

3. 文（普通体）＋こと

文（動詞・形容詞＊）を名詞として使う時は文（動詞・形容詞）を「普通体」の形にする。
　＊文が「ナ形容詞＋だ」で終わる時は、「だ→な」となる。

（1）将来の夢は＿＿＿＿＿＿＿＿＿＿＿＿＿＿＿＿＿＿＿＿＿ことです。

（2）＿＿＿＿＿＿＿＿＿＿＿＿＿＿＿＿＿＿＿＿＿＿＿ことに驚いた。

（3）＿＿＿＿＿＿＿＿＿＿＿＿＿＿＿＿＿＿＿＿＿＿＿＿＿＿＿＿＿＿

4. 動詞（　　　形）＋ことができる

練習や経験をしてできるようになったことを言う。

（1）私は＿＿＿＿＿＿＿＿＿＿＿＿＿＿＿＿＿＿＿＿＿＿＿ことができます。

（２）＿＿＿＿＿＿＿＿＿さんは、＿＿＿＿＿＿＿＿＿＿＿＿＿＿＿＿＿＿＿

（３）＿＿＿＿＿＿＿＿＿＿＿＿＿＿＿＿＿＿＿＿＿＿＿＿＿＿＿＿＿＿＿＿＿

5．＜肯定文の時＞

| 名詞１ |は| 名詞２ |より| 形容詞 |

名詞１の方が名詞２よりも形容詞の程度が大きい。

＜否定文の時＞

| 名詞１ |は| 名詞２ |ほど| イ形容詞（い→く） |＋ない

| 名詞１ |は| 名詞２ |ほど| ナ形容詞（な→じゃ） |＋ない

名詞１は形容詞の程度が名詞２よりも小さい。「ほど」は「ない」と一緒に使う。

（１）猫は犬より＿＿＿＿＿＿＿＿＿＿＿＿＿＿＿＿＿＿＿＿＿＿＿＿＿＿＿＿＿

（２）＿＿＿＿＿＿＿＿＿＿＿＿＿＿＿＿＿は日本ほど＿＿＿＿＿＿＿＿＿＿＿＿＿

（３）＿＿＿＿＿＿＿＿＿＿＿＿＿＿＿＿＿＿＿＿＿＿＿＿＿＿＿＿＿＿＿＿＿

6．でも（逆接）

＜接続詞＞前の文から考えられる結果と違うことを言う。

（１）＿＿＿＿＿＿＿＿＿＿＿＿＿＿＿＿＿＿＿＿＿＿＿。でも、バスに間に合いました。

（２）日本は小さいです。でも、＿＿＿＿＿＿＿＿＿＿＿＿＿＿＿＿＿＿＿＿＿

（３）＿＿＿＿＿＿＿＿＿＿＿＿＿＿＿＿＿＿＿＿＿＿＿＿＿＿＿＿＿＿＿＿＿

7．私は、〜（　　　　　）＋| 動詞（　　　形）|＋たい　　　　：話し手の希望を言う。

　　人は、〜（　　　　　）＋| 動詞（　　　形）|＋たがっている：他の人の希望を言う。

（１）私は将来＿＿＿＿＿＿＿＿＿＿＿＿＿＿＿＿＿＿＿＿たいです。

（２）林さんは、＿＿＿＿＿＿＿＿＿＿＿＿＿＿＿＿＿＿＿＿＿＿＿＿＿

（３）＿＿＿＿＿＿＿＿＿＿＿＿＿＿＿＿＿＿＿＿＿＿＿＿＿＿＿＿＿＿＿

1

8. 動詞（　　　　形）＋から

「～の後で」という意味で、ある動作の後に続けてすることを言う。

（1）＿＿＿＿＿＿＿＿＿＿＿＿＿＿＿＿＿＿＿＿＿から、日本語を勉強しています。

（2）＿＿＿＿＿＿＿＿＿＿＿＿＿＿＿＿＿＿＿＿＿から、やせました。

（3）＿＿＿＿＿＿＿＿＿＿＿＿＿＿＿＿＿＿＿＿＿＿＿＿＿＿＿＿＿＿

9. 動詞（　　　　形）＋始める

「新しいことを始める」という意味。動詞につなげる。

（1）日本に来て、＿＿＿＿＿＿＿＿＿＿＿＿＿＿＿＿＿始めました。

（2）日本語の勉強のために、＿＿＿＿＿＿＿＿＿＿＿＿始めました。

（3）＿＿＿＿＿＿＿＿＿＿＿＿＿＿＿＿＿＿＿＿＿＿＿＿＿＿＿＿＿＿

10. 文（普通体）＋から、～（理由）

前の文で理由を言い、後ろの文で結果を言う。主観的な理由を言う時に使う。

（1）頭が痛いから、＿＿＿＿＿＿＿＿＿＿＿＿＿＿＿＿＿＿＿＿＿＿＿＿

（2）＿＿＿＿＿＿＿＿＿＿＿＿＿＿＿＿＿＿＿から、たくさん勉強します。

（3）＿＿＿＿＿＿＿＿＿＿＿＿＿＿＿＿＿＿＿＿＿＿＿＿＿＿＿＿＿＿

11. それから（順接、追加）

＜接続詞＞「そして」「そのあと」という意味。

（1）＿＿＿＿＿＿＿＿＿＿＿＿＿＿＿＿＿＿＿。それから、勉強します。

（2）スーパーで牛乳を買います。それから、＿＿＿＿＿＿＿＿＿＿＿＿＿

（3）＿＿＿＿＿＿＿＿＿＿＿＿＿＿＿＿＿＿＿＿＿＿＿＿＿＿＿＿＿＿

12. 動詞（　　　　形）＋あと（で）

「〜してから」「1つの動作の次に」という意味を言う。

（1）_____あとで、遊びに行きます。

（2）高校を卒業したあとで、_____

（3）_____

13. 名詞＋（　　　）＋なる

　　　 イ形容詞（い→　　　　）＋なる

　　　 ナ形容詞（な→　　　　）＋なる

「ある様子や状況が違う様子や状況に変わる」ことを言う。

（1）私は将来_____

（2）田中さんは先月入院していました。でも、今は_____

（3）_____

14. 動詞（　　　　形）＋つもりだ

話し手の強い意志・決めたことを表す。

（1）夏休みに_____つもりです。

（2）週末に友達と_____つもりです。

（3）_____

15. だから（順接）

＜接続詞＞「そのために」前の文は理由や目的、後ろの文はそのための方法や結果を言う。

（1）私は将来外国で働きたいです。だから、_____しています。

（2）_____。だから、アルバイトをしています。

（3）_____

トピック **1** | 自己紹介をしよう

内容理解

1．本文を読んで、正しい文に○、間違っている文に×を書きなさい。

（1）この人は数学とピアノができます。　　　　　　　　　　　　　（　　）
（2）この人の趣味はムエタイです。　　　　　　　　　　　　　　　（　　）
（3）日本はタイより小さいです。　　　　　　　　　　　　　　　　（　　）
（4）タイは日本よりビルが少ないです。　　　　　　　　　　　　　（　　）
（5）この人はこれから日本で家族とたくさん旅行したいです。　　　（　　）
（6）この人は、今ツアーガイドをしています。　　　　　　　　　　（　　）

2．本文を読んで、次の質問に答えなさい。

（1）この人の趣味は何ですか。

（2）タイは何が有名ですか。

（3）日本とタイの違いをまとめなさい。

	日本	タイ
① 季節		
② 国の大きさ	タイより	日本より
③ 人口	タイより	日本より
④ 環境 （自然や町の様子）		

（4）この人は日本で何がしたいですか。「辞書形」で終わる形にまとめて、7つ書きなさい。

_____

_____

_____

_____

_____

_____

（5）この人は将来どんな仕事がしたいですか。それはどんなことをしますか。

（6）あなたは将来どんな仕事がしたいですか。

（7）あなたがもしツアーガイドになったら、日本のどんなところを案内したいですか。

トピック **1** ｜ 自己紹介をしよう

活動

活動のポイント

- 相手にインタビューをして、答えを聞き取る
- いろいろな場面で自己紹介ができるように、自己紹介の文を覚える
- クラスメートの発表を聞いて、質問する

活動①の流れ：インタビュー

① 質問文を覚える
② クラスメートに質問して、答えを表に書く
③ 日本人にも質問して答えを書く

活動②の流れ：作文・発表

1．考えを出して、整理する

　① マインドマップを使って、自分のこと、家族、学校生活、趣味などについて図を描いて考えを広げる
　② 1つのテーマから連想して、考えを広げる（辞書を使ってもいいです）

2．まとめる・作文を書く
　① ＜自己紹介マインドマップ＞を使って、作文の構成を考える
　② ＜自己紹介作文サンプルフォーム＞か＜自己紹介作文構成シート＞に情報をまとめる
　③ 作文（下書き）を書く
　④ 先生にチェックしてもらう
　⑤ もう一度作文を書き直す
　⑥ スピーチの練習をする

3．発表する・評価する
　① 自分について、くわしく話せるようにする
　② 作文を覚えて大きな声で発表する
　③ 聞いている人は発表した人に質問をする
　　＊クラスメートの発表について必ず質問をして、クラスメートのことをたくさん知りましょう。
　④ クラスメートの発表を評価する

活動①	インタビュー

◆日本人や外国にルーツのあるクラスメートにインタビューをしましょう。

下の質問を聞いて、インタビューの答えを表に書きましょう。

<質問>

1．名前（あだ名）は何ですか。

2．どこの国で生まれましたか。

3．家族は何人ですか。

4．何歳ですか。

5．誕生日はいつですか。

6．好きな食べ物は何ですか。

7．好きなスポーツは何ですか。

8．何のクラブに入っていますか。

9．あなたは何が得意ですか。（あなたは何ができますか）

10．将来何になりたいですか。（将来どんな仕事がしたいですか）

1．名前 （あだ名）					
2．国					
3．家族					
4．何歳					
5．誕生日					
6．好きな 食べ物					
7．好きな スポーツ					
8．クラブ					
9．得意なこと （できること）					
10．将来の仕事					

15

活動②　作文・発表

◆書いて発表しましょう。

1．たくさんアイデアを出しましょう。

あなたの学校、家族、趣味などについて考えたことを、たくさん書きましょう。

たとえば、「学校」→「好きな勉強」→「英語」→「アメリカに行きたい」など。

↘「英語の歌を歌いたい」

これを使って、考えを整理して、自己紹介の作文を書きましょう。

＜自己紹介マインドマップ＞

２．あなたの自己紹介の作文を書きましょう。

下線部に言葉を書きなさい。

（自分で書ける人は、次のページの「作文構成シート」を使って、書きましょう）

下線部に言葉を書いたら、作文用紙に書き写しましょう。作文用紙の使い方に気をつけて
ください。読む練習をたくさんして、クラスで発表しましょう。

自己紹介作文サンプルフォーム

　　はじめまして。私の名前は、＿＿＿＿＿＿＿＿＿＿＿＿です。私は、＿＿＿＿＿＿＿＿で

生まれました。私は、＿＿＿＿＿＿＿＿人家族です。＿＿＿＿＿＿＿と＿＿＿＿＿＿＿と

＿＿＿＿＿＿＿＿＿＿＿です。

　　私の誕生日は、＿＿＿＿＿＿＿＿で、今＿＿＿＿＿＿＿歳です。

＿＿＿＿＿＿歳の時に＿＿＿＿＿＿＿＿＿から来ました。

　　私の趣味は、＿＿＿＿＿＿＿＿＿＿＿＿＿＿＿＿＿＿です。

得意な教科は、＿＿＿＿＿＿＿＿＿＿＿で、苦手な教科は＿＿＿＿＿＿＿＿＿＿＿＿です。

私は＿＿＿＿＿＿＿＿＿＿＿＿＿＿＿＿ことができます。

　　私の国は、＿＿＿＿＿＿＿＿＿＿＿＿＿＿＿＿＿＿＿が有名です。

私の国は日本より＿＿＿＿＿＿＿＿＿＿＿＿＿＿＿＿＿＿＿＿＿＿＿。

私は日本で、＿＿＿＿＿＿＿＿＿＿＿＿＿＿＿＿＿＿＿＿＿たいです。

　　私は将来＿＿＿＿＿＿＿＿＿＿＿＿＿になりたいです。だから、高校で＿＿＿＿＿＿＿

＿＿＿＿＿＿＿＿＿＿＿＿＿＿たいです。これからみなさんよろしくお願いします。

17

自分で作文が書ける人は、下の「作文構成シート」を使って考えをまとめましょう。
本文を参考にして書きましょう。

＜自己紹介作文構成シート＞

はじめ（過去の私）	
なか（現在の私）	
おわり（未来の私）	

＊「はじめ」「なか」「おわり」の構成に気をつけて作文を書きましょう。
1．作文の提出日は＿＿＿＿＿月＿＿＿＿＿日（＿＿＿）です。
2．発表は＿＿＿＿＿月＿＿＿＿＿日（＿＿＿）です。

おすすめの文法・表現例

●自己紹介をする
・私は～から来ました　　　・私の誕生日・家族・趣味・好きなものは～です
・私の夢は～です
●将来のことを言う
・将来～になりたいです　　・日本で～がしたいです　　・～つもりです
●比べる
・～は～より～です　　　　・～は～ほど～ありません

自己紹介作文例
～自分のこと、家族、趣味、将来の夢について～

はじめ	はじめまして。私の名前は、アッチャラー・シラパットです。私は、タイのバンコクで生まれました。私の誕生日は10月4日で、今17歳です。1年前に日本に来ました。私は、5人家族です。父と母と兄と妹と私です。父は会社員で、母は教師です。兄は大学生で、妹は中学生です。
なか	私の趣味は、絵を描いたり、料理を作ったりすることです。得意な教科は英語で、苦手な教科は数学です。私はピアノを弾くことができます。 　私の国は1年中暑いです。日本の季節は春、夏、秋、冬の4つですが、タイの季節は3つです。雨が降る季節、降らない季節、一番暑い季節です。タイは、タイ料理とムエタイと伝統的な踊りが有名です。私の国は日本より少し大きいですが、人口は日本ほど多くないです。日本よりビルも少ないです。でも自然がたくさんあります。ゾウやトラなどの動物もたくさんいます。
おわり	私は日本でたくさん友達を作りたいです。クラブ活動にも興味があります。日本に来てからギターを習い始めたから、まだ上手じゃありません。軽音楽部に入って、もっと上手になりたいです。それから、家族といろいろなところに旅行に行きたいです。私の妹は北海道でスキーをしたがっています。 　私は将来日本の大学に行って、観光の勉強がしたいです。大学を卒業したあとは、日本でツアーガイドになるつもりです。だから、高校で日本語をたくさん勉強したいです。そしてタイ人の観光客に日本を紹介したいです。みなさんこれからよろしくお願いします。

学校生活

あなたの学校はどんな学校ですか。あなたは日本の学校で何がしたいですか。あなたの国の学校と日本の学校はどんなところが違いますか。学校生活についてたくさん話せるようになりましょう。

トピック **2** ｜ 学校生活

はじめに

◆次の質問に答えましょう。

1. あなたの学校はどんな学校ですか。

2. あなたの好きな学校の行事は何ですか。

3. あなたは体育、音楽、美術、家庭科の中で、何が一番好きですか。なぜですか。

4. あなたは何かクラブに入っていますか。何のクラブですか。

5. あなたは日本の学校の食堂でご飯を食べたことはありますか。
   何のメニューが一番好きですか。

6. あなたは英語と数学と、どちらが好きですか。なぜですか。

7. あなたはバスケットボールと読書と、どちらが好きですか。なぜですか。

8. あなたは放課後に何をしますか。

9. あなたは夏休みに何をしますか。

10. あなたは将来どんな仕事がしたいですか。

トピック **2** ｜ 学校生活

リスニング

◆これから2人の学校生活を紹介します。本文を聞きましょう。本文を見ないで、質問に答えましょう。

＜李君の学校生活＞

1．この人は日本に来た時、よく何を間違えましたか。

2．中国の学校では、なぜたくさん勉強しなければいけませんか。

3．この人は日本の学校で何のクラブに入っていますか。

＜ジェニファーさんの学校生活＞

4．この人はどこの国から来ましたか。

5．この人は1年生の時、何が楽しかったと言っていますか。

6．この人はこれから何が楽しみだと言っていますか。

＊音声は https://www.3anet.co.jp/np/books/3934/ で聞いてください。

トピック **2** ｜ 学校生活

本文

<李君の学校生活>

　私は中学2年生の時に中国から来ました。日本に来る前は、とても不安で心配でした。日本に来たばかりの時は日本語がぜんぜんわからなくて、何回も電車を間違えてしまいました。高校に入学して、1年間が過ぎました。今では日本の生活にも慣れてきて、中国と日本の学校の違いもわかってきました。たとえば、中国はブレザーの制服がありません。体操服みたいな服を着ます。毎日朝早くから夜遅くまで学校で勉強をしなければいけません。数学や英語の勉強は、公式や単語、文法をたくさん覚えなければいけません。昔の文学もたくさん勉強します。難しいですが、知識が増えます。日本の学校でも数学や英語の勉強をするけど、中国ほどきびしくないです。中国の学校は放課後のクラブ活動がありません。中国では受験がきびしいので一生懸命勉強しなければいけません。だから、アルバイトもしてはいけません。家の手伝いもしなくてもいいです。でも私は日本のように、アルバイトや家の手伝い、自分のことは自分ですることはいいことだと思います。日本の学校は行事やクラブ活動がたくさんあるのでとても楽しいです。私はスポーツに興味があるから、バスケットボール部に入ってがんばっています。今年は勉強もクラブ活動もがんばります。

<ジェニファーさんの学校生活>

　私はフィリピンから来ました。日本では、英語や数学の教科のほかに体育や家庭科も勉強します。私はフィリピンで水泳をしたことがありませんでした。日本に来てはじめてプールに入ったから、ぜんぜん泳げませんでした。今クロールの練習をしているところです。25メートル泳げるようになるまで、放課後も残って、練習しなければいけません。家庭科は、料理を作ったり、栄養の勉強をしたり、服の縫い方を学んだりします。フィリピンにいた時、学校で料理を習ったことはありませんでした。運動や生活の知識は、健康や将来一人暮らしをする時に必要になるので、とてもいいと思います。そして、日本の学校はクラブ活動や文化祭、体育祭、修学旅行などたくさんの学校行事があります。フィリピンにも文化祭や体育祭はありますが、日本とは少し違います。放課後にスポーツをしますが、

日本のような体育系や文化系のクラブ活動はありません。私はまだ日本語が上手じゃありませんが、学校の行事やクラブ活動に積極的に参加しようと思います。私は１年生の文化祭で、おばけ屋敷をしました。私はおばけの役をしました。クラスメートは私を見て、「こわい」と言っていました。とても楽しかったです。そして、友達がたくさんできました。２年生の秋には修学旅行があります。フィリピンにはないから、とても楽しみです。日本語が上手に話せなくても、伝えようとする気持ちを持つことが大切だと思います。

トピック **2** ｜ 学校生活

言葉リスト

◆次の言葉の読み方を書きなさい。わからない言葉の意味を調べましょう。

言葉	読み方	意味
不安な		
心配な		
間違える		
過ぎる		
慣れる		
違い		
制服		
体操服		
朝		
早い		
夜		
遅い		
勉強する		
公式		

単語		
文法		
覚える		
昔		
文学		
難しい		
知識		
増える		
放課後		
クラブ活動		
受験		
きびしい		
一生懸命		
手伝い		
行事		
教科		
体育		
家庭科		
水泳		
泳ぐ		
クロール		
練習		
残る		
栄養		
縫う		

習う		
知識		
健康		
将来		
必要な		
文化祭		
体育祭		
修学旅行		
積極的		
参加する		
役		
こわい		
楽しみ		
伝える		
大切な		

トピック **2** ｜ 学校生活

漢字言葉学習

１．次の漢字の読み方を書きなさい。

（１）心配　　（　　　　　　　）　　（２）数学　　（　　　　　　　）

（３）行事　　（　　　　　　　）　　（４）文法　　（　　　　　　　）

（５）放課後　（　　　　　　　）　　（６）手伝い　（　　　　　　　）

（７）必要　　（　　　　　　　）　　（８）水泳　　（　　　　　　　）

（９）料理　　（　　　　　　　）　　（10）練習　　（　　　　　　　）

（11）健康　　（　　　　　　　）　　（12）知識　　（　　　　　　　）

（13）覚える　（　　　　　　　）　　（14）慣れる　（　　　　　　　）

（15）興味　　（　　　　　　　）　　（16）生活　　（　　　　　　　）

（17）活動　　（　　　　　　　）　　（18）上手　　（　　　　　　　）

（19）将来　　（　　　　　　　）　　（20）遅い　　（　　　　　　　）

２．次は何の言葉を説明していますか。本文の中から見つけなさい。

（１）学校の授業が全部終わったあとの時間　　　　　　　　（　　　　　　　　　）

（２）文化祭や体育祭のような学校のイベント　　　　　　　（　　　　　　　　　）

（３）上手になるために、何度もくり返して身につけること　（　　　　　　　　　）

（４）英語や数学、理科のような勉強のいろいろな分野　　　（　　　　　　　　　）

（５）野菜や肉などに味付けをして作ること　　　　　　　　（　　　　　　　　　）

トピック 2 ｜ 学校生活

文法学習

1. 動詞1（　　　形）＋前（に）、動詞2
「動詞2をして動詞1をする」ことを表す。

（1）日本に来る前、_____

（2）_____前に、宿題をする。

（3）_____

2. 動詞（　　　形）＋ばかりだ
「何かをしてからまだ時間が経っていない」という話し手の気持ちを表す。

（1）_____なので、まだ漢字が書けません。

（2）この本を読み始めたばかりなので、_____

（3）_____

3. イ形容詞（い→く）＋て、〜
　　ナ形容詞（な→×）＋で、〜
　　動詞（　　　形）、〜

前の文が理由で、後ろの文が結果を表す。

◆「て／で」の形に変えてください。

①元気な　→_____　②高い　→_____

③いい　　→_____　④楽しい→_____

⑤便利な　→_____　⑥きれいな→_____

（1）日本語がわからなくて、_____

（2）_____、なかなか家に帰れなかった。

（3）_____

29

4. 動詞（　　　形）＋しまう

① 「〜が終わった」という完了したことを表す。
② あることについて「残念だ」「困った」という気持ちを表す。

（1）このケーキはとてもおいしかったので、全部_____しまった。

（2）_____しまって、とても困りました。

（3）_____

5. 動詞（　　　形）＋くる／いく

ある状況が変化する様子を表す。
過去から「今」までに起こった変化は「〜てくる」、「今」から未来に起こる変化は「〜ていく」を使う。

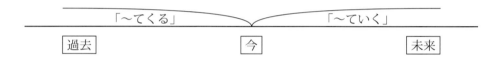

（1）これから子どもの数が_____だろう。

（2）前よりも日本を旅行する外国の人の数が_____

（3）_____

6. 動詞（　　　形）＋なければいけない

「〜の必要がある」という責任や義務を表す。「〜なければならない」も同じ意味。

（1）週末に_____なければいけない。

（2）テスト前に_____

（3）_____

7. | 文 | ＋ので、〜（理由）

前の文は理由、後ろの文は結果を表す。理由と結果を客観的に言う。

（1）聞こえないので、＿＿＿＿＿＿＿＿＿＿＿＿＿＿＿＿＿＿＿＿＿＿＿＿＿

（2）＿＿＿＿＿＿＿＿＿＿＿＿＿＿＿＿＿＿＿＿＿＿ので、気をつけてください。

（3）＿＿＿＿＿＿＿＿＿＿＿＿＿＿＿＿＿＿＿＿＿＿＿＿＿＿＿＿＿＿＿＿＿

> 👉💡 **「〜から」と「〜ので」の違い**
>
> 「〜から」も「〜ので」も理由を表し、前の文で理由を言い、後ろの文で結果を言います。
>
> ◇ | 文 | ＋から：理由と結果の関係について、話し手の気持ちを主観的に言う。
>
>   話し言葉で使います。作文やレポートには使いません。話し手の考えを人に押し付ける
>
>   ようなニュアンスがあるので、使う時は気をつけてください。
>
> ◇ | 文 | ＋ので：理由と結果の関係について、話し手の気持ちを客観的に言う。
>   丁寧で、やわらかい表現です。
>
> 例）今日は雨が降るから、傘を持っていった方がいいよ。○
>
>   今日は雨が降るので、傘を持っていった方がいいですよ。○
>
>   聞こえないから、もっと大きな声で言ってください。△
>
>   （「自分が聞こえないから」という自己中心的な頼み方に聞こえます）
>
>   聞こえないので、もっと大きな声で言ってください。○
>
>   （丁寧にお願いしているように聞こえます）
>
>   電車が遅れたから、遅刻しました。△
>
>   （「電車が遅れたから悪い」と電車のせいにしているニュアンスがあります）
>
>   電車が遅れたので、遅刻しました。○
>
>   （遅れた理由を客観的に言っているニュアンスがあります）

8. | 動詞（　　　　　形） | ＋はいけない

「〜することはだめだ」という意味を表す。

（1）図書館で＿＿＿＿＿＿＿＿＿＿＿＿＿＿＿＿＿＿＿＿＿はいけません。

（2）教室で＿＿＿＿＿＿＿＿＿＿＿＿＿＿＿＿＿＿＿＿＿＿＿＿＿＿＿＿＿

（3）＿＿＿＿＿＿＿＿＿＿＿＿＿＿＿＿＿＿＿＿＿＿＿＿＿＿＿＿＿＿＿＿＿

9. 動詞（ 　　　　　形）＋もいい 　　　：「〜は大丈夫」と許可を表す。

　　動詞（ 　　　　　形）＋なくてもいい：「〜する必要がない」ことを表す。

（1）この部屋で_____もいいです。

（2）暑い時は_____もいいです。

（3）雨が降った時は、_____なくてもいいです。

（4）時間がない人は、_____なくてもいいです。

（5）_____

10. 動詞（ 　　　　　形）＋ことがある：「〜をした」という経験を言う。

　　動詞（ 　　　　　形）＋ことがない：「〜をした経験がない」ことを言う。

（1）子どもの時、家族と_____ことがあります。

（2）日本でまだ_____ことがありません。

（3）_____

11. 動詞（ 　　　　　形）＋はじめて

「〜してからはじめてしたこと」を言う。

（1）_____はじめて、なまの魚を食べました。

（2）高校に入ってはじめて、_____

（3）_____

12. 動詞（　　　　　形）・〜ている・（　　　　　形）＋ところだ

ある動作が起こる時点を言う。動作が起こる時点によって動詞の活用が違う。

「（さっき）〜したところだ」「（今）〜しているところだ」「（これから）〜するところだ」

（1）さっき＿＿＿＿＿＿＿＿＿＿＿＿＿＿＿＿ところだから、まだお腹はすいていない。

（2）今＿＿＿＿＿＿＿＿＿＿＿＿＿＿＿＿＿＿ところだから、邪魔しないで。

（3）これから＿＿＿＿＿＿＿＿＿＿＿ところだから、用事があったらメールしてください。

💡「ところだ」と「ばかりだ」の違い

「ところだ」は、「た形」「ている」「辞書形」の動詞の後に使われますが、動作が起こる時点によって動詞の形が変わります。その中でも「動詞（た形）＋ところだ」と「動詞（た形）＋ばかりだ」はどちらも「〜したあとすぐ」という意味を表します。

◇動詞（た形）＋ところだ：「何かをしたすぐ後」の場合に使う。

◇動詞（た形）＋ばかりだ：何かをして「そのすぐ後」あるいは「しばらくの期間（数か月、数年）が経ったあと」にも使える。

例）お腹はすいていますか。
　　いいえ、さっき昼ご飯を食べたところです。〇
　　いいえ、さっき昼ご飯を食べたばかりです。〇

例）きれいな家ですね。いつ、家を買いましたか。
　　2年前に家を買ったばかりなんです。〇
　　2年前に家を買ったところなんです。×

13. 動詞（＿＿＿＿＿）＋ようになる

「前はできなかったけど、今はできる」ことを表す。

＜可能の作り方＞

　　グループ１：「う」段を「え」段に変えて「る」をつける。例）書く (kaku) →書ける (kakeru)

　　グループ２：「る」をとって「られる」をつける。例）覚える→覚えられる

　　グループ３：「する」→「できる」、「来る」→「来られる」

辞書形	可能	辞書形	可能
使う		作る	
書く		食べる	
話す		起きる	
打つ		する	
読む		来る	

（１）日本に来てから、＿＿＿＿＿＿＿＿＿＿＿＿＿＿＿ようになった。

（２）子どもの時は一人でできなかったが、今は一人で＿＿＿＿＿＿＿＿＿

（３）＿＿＿＿＿＿＿＿＿＿＿＿＿＿＿＿＿＿＿＿＿＿＿＿＿

14. 動詞（＿＿＿＿＿形）＋と思う／思っている

「～したい」という気持ちを表す。

「私は」の時は「と思う」「と思っている」のどちらも使えるが、それ以外の人の時は、「と思っている」を使う。

＜意向形の作り方＞

　　グループ１：「う」段を「お」段に変えて「う」をつける。例）書く (kaku) →書こう (kakou)

　　グループ２：「る」をとって「よう」をつける。例）覚える→覚えよう

　　グループ３：「する」→「しよう」、「来る」→「来よう」

辞書形	意向形	辞書形	意向形
使う		帰る	
聞く		食べる	
話す		見る	
待つ		勉強する	
読む		持って来る	

（1）私は将来＿＿＿＿＿＿＿＿＿＿＿＿＿＿＿＿＿＿＿＿＿＿＿＿と思っています。

（2）キムさんは来年＿＿＿＿＿＿＿＿＿＿＿＿＿＿＿＿＿＿＿＿＿＿＿＿＿

（3）＿＿＿＿＿＿＿＿＿＿＿＿＿＿＿＿＿＿＿＿＿＿＿＿＿＿＿＿＿＿＿＿

「私は〜と思う」と「私は〜と思っている」の違い

「〜と思う」と「〜と思っている」は、よく似た表現ですが、ニュアンスが少し違います。

◇私は〜と思う：「何かをしたい・しよう」という一時的な気持ちをその場で持つことを
表す。

◇私は〜と思っている：「何かしたい」という気持ちを過去から長い間ずっと持っている
様子を表す。

例）今日は午後から雨が降るから、傘を持っていこうと思う。

（その日の天気予報を見て、雨が降ることを知ったから傘を持っていくことに決めた）

子どもの時から医者になりたいと思っている。

（子どもの時からずっと医者になりたいという気持ちを持っている）

今日は、彼に本当の気持ちを伝えようと思っている。

（彼にずっと前から本当の気持ちを伝えたいという気持ちを持っている）

15. 動詞（ 　　　　　　形）＋も、〜

イ形容詞（い→ 　　　　　）＋ても、〜

ナ形容詞（な→ 　　　　　）＋でも、〜

名詞 ＋でも、〜

前文から考えられることと反対のことが起こることを後ろの文で言う。

◆「〜ても／でも」の形に変えてください。

①走る　　　　→＿＿＿＿＿＿＿＿＿＿　　②起きる　　　→＿＿＿＿＿＿＿＿＿＿

③遊ぶ　　　　→＿＿＿＿＿＿＿＿＿＿　　④急ぐ　　　　→＿＿＿＿＿＿＿＿＿＿

⑤勉強する　　→＿＿＿＿＿＿＿＿＿＿　　⑥がんばる　　→＿＿＿＿＿＿＿＿＿＿

⑦古い　　　　→＿＿＿＿＿＿＿＿＿＿　　⑧有名な　　　→＿＿＿＿＿＿＿＿＿＿

⑨わからない→＿＿＿＿＿＿＿＿＿＿　　⑩雨　　　　　→＿＿＿＿＿＿＿＿＿＿

（1）どんなにがんばっても、＿＿＿＿＿＿＿＿＿＿＿＿＿＿＿＿＿＿＿

（2）＿＿＿＿＿＿＿＿＿＿＿＿＿＿＿＿＿＿＿＿も、あきらめない。

（3）＿＿＿＿＿＿＿＿＿＿＿＿＿＿＿＿＿＿＿＿＿＿＿＿

トピック **2** ｜ 学校生活

内容理解

1．本文を読んで、正しい文に○、間違っている文に×を書きなさい。
（1）李君は日本に来る前に日本語を勉強していました。　　　　　　　　（　　）
（2）日本の学校は中国よりも勉強がたいへんです。　　　　　　　　　　（　　）
（3）中国の学校はクラブ活動や学校行事が日本ほどありません。　　　　（　　）
（4）李君は日本の学校ではアルバイトをしてはいけないと言っています。（　　）
（5）李君は今、日本の高校生活を楽しんでいます。　　　　　　　　　　（　　）
（6）ジェニファーさんは25メートル泳げるようになりました。　　　　（　　）
（7）ジェニファーさんは、体育や家庭科の勉強は大切ではないと言っています。（　　）
（8）ジェニファーさんは、体育祭や文化祭はフィリピンにはないと言っています。（　　）
（9）ジェニファーさんは、日本で友達がたくさんできました。　　　　　（　　）
（10）ジェニファーさんは修学旅行がとても楽しかったと言っています。 （　　）

2．本文を読んで、次の質問に答えなさい。
（1）李君とジェニファーさんの国と日本では、次の点についてどんな違いがあると言っていますか。本文を読んで、それぞれの国で「する」ものには○、「しない」ものには×を書きなさい。

李君	中国	日本
① 数学や英語の授業をする		
② 朝早くから夜遅くまで学校で勉強する		
③ ブレザーの制服を着る		
④ クラブ活動や学校行事がたくさんある		
⑤ アルバイトや親の手伝いをする		

ジェニファーさん	フィリピン	日本
⑥ 水泳をする		
⑦ 料理の勉強をする		
⑧ 文化祭、体育祭がある		
⑨ 体育系・文化系のクラブ活動をする		
⑩ 修学旅行がある		

＜李君の学校生活＞

（２）李君は、今何年生ですか。

（３）李君は、日本の学校で楽しいことは何だと言っていますか。

（４）李君は、中国の学校のいいところは何だと言っていますか。

（５）李君は、なぜ中国の高校生はアルバイトをしてはいけないと言っていますか。

（６）李君は、日本の生活でいいと思うことは何だと言っていますか。

＜ジェニファーさんの学校生活＞

（７）ジェニファーさんは、日本で体育や家庭科などを勉強することについて、どう思っていますか。

（８）ジェニファーさんは、日本の学校で何をがんばろうと思っていますか。

（９）ジェニファーさんは、一年生の文化祭で何をしましたか。

（10）ジェニファーさんは、違う国で生活する中で大切なことは何だと言っていますか。

＜あなたの学校生活＞

（11）あなたは日本の学校のどの行事が楽しみですか。日本の学校で、どんなことがしたい
　　　ですか。

（12）あなたはクラブ活動をしていますか。どんなクラブですか。どんなクラブに入りたい
　　　ですか。

（13）あなたの日本の学校のルールを３つ紹介してください。

　　・＿＿＿＿＿＿＿＿＿＿＿＿＿＿＿＿＿＿＿＿＿＿＿＿＿＿＿＿＿＿＿＿＿＿＿＿＿＿

　　・＿＿＿＿＿＿＿＿＿＿＿＿＿＿＿＿＿＿＿＿＿＿＿＿＿＿＿＿＿＿＿＿＿＿＿＿＿＿

　　・＿＿＿＿＿＿＿＿＿＿＿＿＿＿＿＿＿＿＿＿＿＿＿＿＿＿＿＿＿＿＿＿＿＿＿＿＿＿

（14）あなたの国の学校と日本の学校はどんなところが違いますか。

（15）あなたは日本の学校のどんなところがいいと思いますか。

トピック **2** ｜ 学校生活

活動

活動のポイント

- クラスメートに日常・学校生活についてインタビューをして、答えを書き取る
- 学校の教室や場所をわかりやすく紹介する
- 先生や友達、クラブの先輩にインタビューをして学校のいいところを紹介する
- 勉強した文法を使って、くわしく説明する
- 作成したビデオをクラスで見て、評価する

活動①の流れ：インタビュー

① 質問文を覚える
② クラスメートに質問して、答えを表に書く
③ 日本人にも質問して答えを書く

活動②の流れ：紹介ビデオ作成

1．ビデオの内容を考える
　① 一人一つずつ学校について紹介する場所を決める。そこにいる人、あるものを書く
　② どのようなビデオを作るかを決める
　　・一人ずつ紹介ビデオを作るか、グループで紹介番組のようにするかを決める

2．原稿を書く
　① ＜学校紹介作文シート＞を書く
　② 先生にチェックしてもらう
　③ もう一度作文を書き直す
　④ セリフの練習をする

3．ビデオを撮り、作成したビデオを見る
　① 原稿を間違えないで話す
　② 録画したものを編集する
　③ みんなでビデオを見て、評価する

活動①	インタビュー

◆クラスメート、日本人の生徒にインタビューをしましょう。

下の質問を聞いて、インタビューの答えを表に書きましょう。

<質問>

1．（あなたの）趣味は何ですか。

2．（あなたは）放課後に何をしますか。

3．好きな歌手はだれですか。

4．週末に何をしますか。

5．得意な（好きな）教科は何ですか。

6．苦手な（嫌いな）教科は何ですか。

7．昨日何をしましたか。

8．あなたの国で有名なものは何ですか。

名前 （あだ名）					
1．趣味					
2．放課後に すること					
3．歌手					
4．週末に すること					
5．得意な教科					
6．苦手な教科					
7．昨日したこと					
8．国の有名な もの					

活動②	紹介ビデオ作成

◆学校を紹介するビデオを作りましょう。

・ビデオの時間は3分から5分くらいです。

・1人で全部作ってもいいですし、2〜4人のグループで1つのビデオを作ってもいいです。
   グループで作る時は、必ず一人ずつ話す文を作ってください。

・学校の紹介と、学校の教室・場所・先生（あるいは生徒）を紹介する文を書きます。
   グループで作る時は、だれが何を紹介するか決めてください。

・下の┊┊┊┊┊の場所から少なくとも一つ選んでください。

＜学校紹介シート＞

名前（グループのメンバーの名前）		
学校の紹介	どこにありますか どんなところですか 近くの駅はどこですか どうやって学校に来ますか、など	
	どんな学校ですか 何が有名ですか 何が特色ですか	
	いいところは何ですか	

＜紹介する教室・場所・先生＞

次の場所から紹介したい教室・場所を選んでください。

教室	図書室	音楽室	美術室	職員室	校長室	体育館
グラウンド	食堂	生物室	庭	正門	書道教室	コンピューター室

紹介する教室・場所・人について書く	どの教室・場所を紹介しますか	
	そこに何がありますか	
	そこで何をしますか	
	そこにだれがいますか	
	インタビューする質問	

＜学校紹介作文シート＞

　学校の教室、そこにあるもの、そこにいる人を紹介しましょう。

　下の文は学校を紹介するための基本的な作文の構成です。作文を書くことが得意ではない人は、下線部に必要な説明を入れて、作文用紙に全部書き写しましょう。自分で作文が書ける人は、調べた内容を自分でまとめて、作文を書いてもいいです。

学校紹介作文サンプルフォーム

は じ め	私（たち）の学校を紹介します。私（たち）の学校は＿＿＿＿＿＿＿＿＿＿ 　　　　　　　　　　　　　　　　　　　　　　　　　　　　（学校の場所） にあります。ほかの学校とちがうところは、＿＿＿＿＿＿＿＿＿＿＿です。 　　　　　　　　　　　　　　　　　　　　（ほかの学校とちがうところ） 私（たち）の学校のいいところは、＿＿＿＿＿＿＿＿＿＿＿＿＿です。 　　　　　　　　　　　　　　　　　　　（学校のいいところ） では、これから学校をくわしく紹介したいと思います。
な か	最初に＿＿＿＿＿＿＿＿を紹介します。ここが＿＿＿＿＿＿です。 　　　　　（学校の場所①）　　　　　　　　　　　　　（学校の場所①） ＿＿＿＿＿＿＿＿＿があります。＿＿＿＿＿＿＿＿ことができます。 　（そこにあるもの）　　　　　　　　（そこでできること） ＿＿＿＿＿＿＿＿＿ので、＿＿＿＿＿＿＿＿＿と思います。 　　　（理由）　　　　　　　　　（あなたの考え） 　次に＿＿＿＿＿＿＿＿を紹介します。＿＿＿＿＿＿＿＿＿＿には、 　　（学校の場所②）　　　　　　　　　（学校の場所②） ＿＿＿＿＿＿＿＿があります。＿＿＿＿＿＿＿＿＿だけでなく 　（そこにあるもの）　　　　　　　（そこでできること①） ＿＿＿＿＿＿＿＿も＿＿＿＿＿＿＿＿ことができます。 　（そこでできること②）　　　　（できること） 　ここは、＿＿＿＿＿＿＿＿＿です。＿＿＿＿＿＿＿＿り、 　　　　　（学校の場所③）　　　　　　　（すること①） ＿＿＿＿＿＿＿＿りします。＿＿＿＿＿＿＿＿＿ので、 　　（すること②）　　　　　　　　　（理由） ＿＿＿＿＿＿＿＿できます。いろいろな＿＿＿＿＿＿があります。 　（できること）　　　　　　　　　　　　（もの） 　私のおすすめの＿＿＿＿＿＿＿は、＿＿＿＿＿＿＿＿です。 　　　（その場所でおすすめのもの）　　（具体的なものの名前） これは＿＿＿＿＿＿＿＿＿＿＿＿＿＿＿＿＿です。 　　　　（おすすめのものを紹介する）

な か	では、ここで＿＿＿＿＿＿＿＿＿＿にインタビューをしたいと思います。 （そこにいる人） 生徒：＿＿＿＿＿＿＿＿＿＿＿＿＿＿＿＿＿＿＿＿＿＿ （質問①） ○○：＿＿＿＿＿＿＿＿＿＿＿＿＿＿＿＿＿＿＿＿＿＿ （答え①） 生徒：＿＿＿＿＿＿＿＿＿＿＿＿＿＿＿＿＿＿＿＿＿＿ （質問②） ○○：＿＿＿＿＿＿＿＿＿＿＿＿＿＿＿＿＿＿＿＿＿＿ （答え②） 生徒：ありがとうございました。
お わ り	私たちの学校は、＿＿＿＿＿＿＿＿＿＿＿＿＿＿＿があります。 （学校のおすすめするものをまとめる） 私は、＿＿＿＿＿＿＿＿＿＿＿＿＿＿＿ところが好きです。 （学校の好きなところをまとめる） みなさんは、学校のどんなところが好きですか。

> 1．作文の提出日は　　　　　　月　　　　　日（　　　　）です。
> 2．ビデオを録画する日は　　　　　月　　　　　日（　　　　）です。
> 　　セリフを練習して、覚えてきてください。

おすすめの文法・表現例

●紹介する
・〜について紹介します　　・〜を紹介したいと思います

●くわしく説明する
・〜のいいところは〜というところです　　　　　・〜たり〜たりします
・〜することができます　　・〜し、〜もできます　　・〜があります
・〜ています／〜てあります／〜ておきます

●すすめる
・おすすめの〜は〜です　　・ぜひ〜してください

●理由を言う
・〜ので、〜と思います

学校紹介作文例
～場所・もの・人を紹介する～

はじめ	私（たち）の学校を紹介します。私（たち）の学校は大阪の北にあります。一番近い駅は梅田駅です。ほかの学校とちがうところは、たくさん外国の生徒がいるところです。私（たち）の学校のいいところは、学校行事がたくさんあって、生徒たちみんな仲がいいところです。では、これから学校をくわしく紹介したいと思います。
なか	最初に教室を紹介します。ここが、私たちがいつも勉強している教室です。後ろにはみんなが持ってきた本が置いてあります。自由に読むことができます。小説や旅行の本、雑誌があります。みんなでいろいろな本を読めるので、とてもいいと思います。 　次に美術室を紹介します。美術室は、絵の具やクレヨンなどがたくさんあります。絵を描くだけでなく、お皿やコップを焼いて瀬戸物も作ることができます。 　ここは、図書室です。休み時間に本を読んだり、勉強したりします。静かなので、たくさん勉強できます。いろいろな本があります。私のおすすめの本は、『ダーリンは外国人』です。外国の人が日本で生活する時に、どんな経験をしたのかをまんがで描いています。とてもおもしろいです。では、ここで図書室の先生にインタビューをしたいと思います。 生徒:「先生、ここには何冊の本がありますか」 先生:「約３万冊の本があります」 生徒:「何冊本を借りることができますか」 先生:「一人５冊まで借りることができます」 生徒:「本を探したい時は、どうしたらいいですか」 先生:「コンピューターで調べることができます」 生徒:「先生のおすすめの本は何ですか」 先生:「私のおすすめの本は、『君たちはどう生きるか』という本です。主人公は中学生で、思春期に出会ういろいろなことに悩みをかかえて生きています。今から何十年も前に書かれた本ですが、今の時代にも通じるものがあります。ぜひ図書室に来て、たくさん本を読んでください」 生徒:「ありがとうございました」
おわり	私（たち）の学校は、図書室や美術室や音楽室などたくさんの教室があります。私は、この学校の勉強もクラブも楽しめるところが好きです。友達もたくさんできました。みなさんは、学校のどんなところが好きですか。

トピック
3

日本の行事

日本の文化について学びましょう。季節ごとにどんな行事があるのかを知っておくと、きっと日本での生活も楽しくなると思います。
みなさんの国の行事と比べて、共通するところや違うところを紹介しましょう。

トピック **3** | 日本の行事

はじめに

◆次の質問に答えましょう。

1. あなたはどんな日本の行事を知っていますか。

2. あなたの国にお正月（1年の始まりをお祝いする日）はありますか。
   その日に何をしますか。

3. あなたの国にはどんなお祭りがありますか。それはいつですか。
   その日に何をしますか。何を食べますか。

4. あなたの国の伝統的な服はありますか。どんな服ですか。いつ着ますか。

5. あなたは自分の国の何の行事が好きですか。どの季節に、何をしますか。

6. 次のものは日本であることに使います。何に使うと思いますか。

トピック **3** ｜ 日本の行事

リスニング

◆本文を聞きましょう。本文を見ないで、質問に答えましょう。

＜前半＞

1．日本では、お正月に何を食べますか。2つ書きなさい。

2．鬼に豆を投げるのは、何の行事ですか。

3．「ひな祭り」はいつですか。

4．七夕はどこの国から日本に入ってきましたか。

＜後半＞

5．昔の日本の人は、月に何が住んでいると思っていましたか。

6．ヨーロッパから入ってきた文化は何ですか。2つ書きなさい。

7．10月31日のお祭りでは、どんな姿をしますか。

8．「大みそか」は何月何日ですか。

＊音声は https://www.3anet.co.jp/np/books/3934/ で聞いてください。

トピック **3** | 日本の行事

本文

＜前半＞

　日本には春、夏、秋、冬の四つの季節があって、それぞれに季節の行事がたくさんあります。まず、1年で一番大きな行事はお正月です。1月1日に1年の始まりを祝います。神社やお寺へお参りに行って、願い事をします。かどまつやかがみもちなど、お正月の特別なものを飾ります。そして、おせち料理やおぞうになどの特別な料理を食べます。お正月はお店も学校も会社も休みなので、家で家族とゆっくり過ごします。2月は節分があります。2月3日ごろに節分の行事をします。「鬼は外、福は内」と言って、鬼に豆を投げます。悪いものを追い出して、健康を祈るためです。そして、いい方角を向いて、恵方巻きを食べます。3月3日はひな祭りで、女の子のお祭です。ひな人形を飾って、子どもの健康を祈ります。ひなあられを食べて、甘酒を飲みます。

　5月5日は、一般に、こどもの日と言われています。もともとは、男の子のお祭りでした。この日にかぶとやこいのぼりを飾ったり、かしわもちを食べたりします。7月7日は、七夕です。中国のお話に由来しています。天の川をはさんで、恋人が離れてしまいました。でも、1年に1回だけこの日に会えます。日本では、たんざくに願い事を書いて、ささのはに飾ると、願い事がかなうと言われています。スーパーや駅などにささのはが飾ってあります。ささのはを見つけた時は、たんざくに願い事を書いて、飾ってみてください。

<後半>

　9月は、中秋の名月です*。秋は月がきれいです。月を見ながら、だんごを食べます。日本の昔の人は「月にうさぎが住んでいる」と考えていました。なぜなら、月の模様がうさぎがもちをついているように見えるからです。10月31日は、ハロウィーンです。もともとはヨーロッパの文化でしたが、アメリカやカナダに広まり、近年日本に入ってきました。若い人たちの間で楽しまれています。おばけの姿をしてパーティーをします。11月は、七五三です。3歳と7歳の女の子と、3歳と5歳の男の子が着物を着て神社へ行って健康を祈ります。

　12月25日は、クリスマスです。ヨーロッパの習慣が日本へ入って来ました。でも、日本のクリスマスはヨーロッパのクリスマスと少し違います。ヨーロッパでは教会へ行って、家族と集まってターキーを食べますが、日本では友達や恋人とパーティーをして、プレゼントを交換したり、チキンやケーキを食べたりします。12月31日は、1年の最後の日で、大みそかと言います。この日は、大掃除をして、家をきれいにして、お正月のために準備をしておきます。晩ご飯にそばを食べます。そばは長いので、そばを食べると長生きできると信じられています。

　このように、日本には、昔から続いている行事や外国から入ってきた行事があります。みなさんの国と比べて、同じ行事、違う行事はありますか。ぜひ、日本でいろいろな行事を経験してください。

*中秋の名月は10月になる年もあります。

トピック **3** | 日本の行事

言葉リスト

◆次の言葉の読み方を書きなさい。わからない言葉の意味を調べましょう。

言葉	読み方	意味
季節		
行事		
祝う		
神社		
お参り		
願い事		
特別な		
飾る		
料理		
ゆっくり		
過ごす		
鬼		
福		
豆		
投げる		
追い出す		
健康		
祈る		
方角		
向く		
お祭り		
ひな人形		

一般に		
もともと		
由来		
天の川		
恋人		
離れる		
かなう		
だんご		
模様		
もちをつく		
ヨーロッパ		
文化		
若い		
おばけ		
姿		
着物		
習慣		
交換する		
準備		
長生き		
信じる		
比べる		
経験		

トピック **3** ｜ 日本の行事

漢字言葉学習

1．次の漢字の読み方を書きなさい。

（1）お正月　（　　　　　　　）　　（2）季節　（　　　　　　　）

（3）行事　（　　　　　　　）　　（4）祝う　（　　　　　　　）

（5）神社　（　　　　　　　）　　（6）願い事　（　　　　　　　）

（7）特別　（　　　　　　　）　　（8）料理　（　　　　　　　）

（9）文化　（　　　　　　　）　　（10）健康　（　　　　　　　）

（11）秋　（　　　　　　　）　　（12）お祭り　（　　　　　　　）

（13）七夕　（　　　　　　　）　　（14）由来　（　　　　　　　）

（15）恋人　（　　　　　　　）　　（16）着物　（　　　　　　　）

（17）習慣　（　　　　　　　）　　（18）交換　（　　　　　　　）

（19）最後　（　　　　　　　）　　（20）準備　（　　　　　　　）

2．次は何の言葉を説明していますか。本文の中から見つけなさい。

（1）元気で病気をしないこと　　　　　　　　　　　　（　　　　　　　）

（2）「ある人が毎日や毎週、毎月など決まってすること」や「ある国や地域で人々が
　　　生活の中で決まってすること」など　　　　　　　（　　　　　　　）

（3）1年の最後の日　　　　　　　　　　　　　　　　（　　　　　　　）

（4）人形や絵などをきれいに置くこと　　　　　　　　（　　　　　　　）

（5）用意をすること　　　　　　　　　　　　　　　　（　　　　　　　）

トピック 3 ｜ 日本の行事

文法学習

1. そして（順接）
＜接続詞＞「そのあと」「それから」と似た意味。前の文で言ったことの次にすることを言う。

（1）春休みに沖縄へ行った。そして、_____

（2）_____。そして、映画を見ました。

（3）_____

2. 動詞（　　　形）＋ためだ
　　名詞　＋（　　）＋ためだ

目的を表す。

（1）大学に行くのは、_____ためです。

（2）_____ためです。

（3）_____

3. 動詞（　　　形）＋と、〜

「（あることを）したら、いつも〜が起こる」のように自然現象や必ず起こることを表す。

（1）春になると、_____

（2）_____と、先生に怒られます。

（3）_____

4. 動詞（　　　形）＋ある

「何かのために準備をした状態が続いている」ことを表す。

（1）クラブ紹介のポスターが_____あります。

（2）家に帰ると、_____あった。

（3）_____

5. 動詞（　　　　形）＋みる

「試しに〜する」「がんばって〜する」ことを表す。

（1）発表会のためのドレスを＿＿＿＿＿＿＿＿＿＿＿＿＿＿＿＿＿＿＿＿みる。

（2）私は＿＿＿＿＿＿＿＿＿が好きです。だから、＿＿＿＿＿＿＿＿＿みたいです。

（3）＿＿＿＿＿＿＿＿＿＿＿＿＿＿＿＿＿＿＿＿＿＿＿＿＿＿＿＿＿＿＿

6. 動詞（　　　　形）＋ながら、〜

２つの動作を同じ時にすることを表す。

（1）＿＿＿＿＿＿＿＿＿＿＿＿ながら、＿＿＿＿＿＿＿＿＿＿＿＿＿はいけません。

（2）＿＿＿＿＿＿＿＿＿＿＿＿＿＿＿＿＿＿＿＿ながら、ご飯を食べます。

（3）＿＿＿＿＿＿＿＿＿＿＿＿＿＿＿＿＿＿＿＿＿＿＿＿＿＿＿＿＿＿＿

7. なぜなら＋文（普通体）＋からだ

理由を説明する。日常会話ではあまり使わない。教科書などで説明をする時に使う。

（1）A：どうして４つの季節がありますか。

　　　B：なぜなら地球が＿＿＿＿＿＿＿＿＿＿＿＿＿＿＿＿＿＿からです。

（2）A：どうして朝と夜がありますか。

　　　B：なぜなら地球が＿＿＿＿＿＿＿＿＿＿＿＿＿＿＿＿＿＿からです。

（3）A：どうして＿＿＿＿＿＿＿＿＿＿＿＿＿＿＿＿＿＿＿＿＿＿＿＿＿

　　　B：＿＿＿＿＿＿＿＿＿＿＿＿＿＿＿＿＿＿＿＿＿＿＿＿＿＿＿＿＿

8．受身

| 人・もの（目的語） | は | 人・もの（動作主） | に | 動詞（　　　　　　　　　　　　　　） |

目的語を主語にして、目的語の立場から言い換える。

＜受身の作り方＞

グループ1：「う」段を「あ」段に変えて「れる」をつける。例）書く(kaku)→書かれる(kakareru)

グループ2：「る」をとって「られる」をつける。　　例）食べる→食べられる

グループ3：「する」→「される」、「来る」→「来られる」

辞書形	受身	辞書形	受身
話す		建てる	
使う		ふむ	
作る		注意する	
書く		決める	
来る		見る	

（1）英語は世界の多くの国で＿＿＿＿＿＿＿＿＿＿＿＿＿＿＿＿＿＿＿

（2）シェークスピアの本は＿＿＿＿＿＿＿＿＿＿＿＿＿＿＿＿＿＿＿＿

（3）＿＿＿＿＿＿＿＿＿＿＿＿＿＿＿＿＿＿＿＿＿＿＿＿＿＿＿＿＿＿

9．| イ形容詞（い→　　　　） | ＋ | 動詞 | 例）（早い→）＿＿＿＿＿＿起きます

| ナ形容詞（な→　　　　） | ＋ | 動詞 | 例）（元気な→）＿＿＿＿＿＿過ごしてください

何かをする時の様子を表す。

（1）車は＿＿＿＿＿＿＿＿＿＿＿＿＿＿＿＿＿＿＿＿＿＿＿運転しましょう。

（2）王子様とお姫様は＿＿＿＿＿＿＿＿＿＿＿＿＿＿＿＿＿＿暮らしました。

（3）＿＿＿＿＿＿＿＿＿＿＿＿＿＿＿＿＿＿＿＿＿＿＿＿＿＿＿＿＿＿

10．| 動詞（　　　　　　形） | ＋おく：何かのために準備する

（1）大学に行くために、＿＿＿＿＿＿＿＿＿＿＿＿＿＿＿＿＿＿おく。

（2）将来のために、＿＿＿＿＿＿＿＿＿＿＿＿＿＿＿＿＿＿＿＿おきます。

（3）＿＿＿＿＿＿＿＿＿＿＿＿＿＿＿＿＿＿＿＿＿＿＿＿＿＿＿＿＿＿

💡 **「ている」「てある」「ておく」の違い**

「ている」「てある」「ておく」はものの状態を表しますが、どのように違うのでしょうか。

◇自動詞（て形）＋いる：「いる」は自動詞の後につき、「現在ある状態が続いている様子」を表す。

例）「あれ、電気がついている。だれかが使っているのかな」○

◇他動詞（て形）＋ある：「ある」は他動詞の後につき、「何かの目的のために、ある動作が行われてその状態が続いている様子」を表す。目的語の「を」は「が」に変わる。

例）「あれ、電気がつけてある。これからだれかが使うのかな？」○

　　「テーブルの上に、お菓子とジュースが置いてある。パーティーがあるのかな？」○

◇他動詞（て形）＋おく：「おく」は他動詞の後につき、「何かの目的のために、（一時的に）動作が行われること」を表す。動作がすでに終わった場合は「～ておいた」の表現を使う。

例）この後、会議があるので、電気をつけておいてください。○

　　明日パーティーがあるので、ジュースを買っておきました。○

---

11. このように

前の文の内容をもう一度わかりやすくまとめて説明する。

（1）日本の学校で勉強する外国人の子どもの数は、2004年は約2万人、2014年は約3万人です。

　　このように、＿＿＿＿＿＿＿＿＿＿＿＿＿＿＿＿＿＿＿＿＿＿＿＿＿＿＿

（2）トヨタ、ホンダなどは海外にたくさんの工場があります。

　　このように、＿＿＿＿＿＿＿＿＿＿＿＿＿＿＿＿＿＿＿＿＿＿＿＿＿＿＿

12. 名詞1は名詞2と比べて～

「名詞1は名詞2より～」と同じで、2つのものの違いを言う。

（1）日本料理は中華料理と比べて、＿＿＿＿＿＿＿＿＿＿＿＿＿＿＿＿＿＿＿

（2）＿＿＿＿＿＿＿＿＿＿＿＿＿＿＿＿＿＿＿＿＿＿と比べて、カロリーが高い。

（3）＿＿＿＿＿＿＿＿＿＿＿＿＿＿＿＿＿＿＿＿＿＿＿＿＿＿＿＿＿＿＿＿＿

トピック 3 ｜ 日本の行事

内容理解

1．本文を読んで、正しい文に○、間違っている文に×を書きなさい。

（1）日本には毎月お祭りがあります。　　　　　　　　　　　　　　　（　　　）
（2）お正月に恵方巻きを食べます。　　　　　　　　　　　　　　　　（　　　）
（3）節分の時に、いい方向を向いて、豆を投げます。　　　　　　　　（　　　）
（4）「こどもの日」は、昔は男の子だけのためのお祭りでした。　　　（　　　）
（5）7月7日に、願い事をたんざくに書きます。　　　　　　　　　　（　　　）
（6）月にはうさぎが住んでいます。　　　　　　　　　　　　　　　　（　　　）
（7）ハロウィーンは、みんなに人気があります。　　　　　　　　　　（　　　）
（8）日本には外国の人がたくさんいるので、クリスマスは外国と同じように祝います。
　　　　　　　　　　　　　　　　　　　　　　　　　　　　　　　　（　　　）
（9）1年の終わりの日は、「大掃除」と言います。　　　　　　　　　（　　　）
（10）大みそかに、そばを食べます。　　　　　　　　　　　　　　　　（　　　）

2．次の行事について答えなさい。

３．本文を読んで次の質問に答えなさい。

（１）お正月に何を飾りますか。

（２）節分の日になぜ、豆を投げますか。

_____ためです。

（３）「こどもの日」に、何を飾りますか。

（４）日本では七夕に何をしますか。

（５）「中秋の名月」に何をしますか。

（６）ヨーロッパのクリスマスと日本のクリスマスはどこが違いますか。

（７）大みそかの日に、何を食べますか。なぜそれを食べますか。

_____を食べます。なぜなら、_____

_____からです。

（８）あなたが、今までに体験した日本の行事は何ですか。

（９）これからあなたが体験したい日本の行事・お祭りは何ですか。

61

トピック **3** | 日本の行事

活動

活動のポイント

・インフォメーション・ギャップで行事について理解を確認する
・ある国の有名な行事を調べる
・調べた情報をもとに、ポスターやパワーポイントを使って発表する

活動の流れ①：インフォメーション・ギャップ

① 行事について聞く質問の基本文型を練習する
② ペアになって、一人は＜シートＡ＞、もう一人は＜シートＢ＞を使う
③ 穴埋めのところがある人が、その行事について質問して、ペアの人が答える
④ 聞いた答えを書き取る

活動の流れ②：リサーチ・発表

1．国を決める・調べる

① どこの国の行事について調べるかを決める
② 情報を集める・調べる（本やインターネットで調べる）

2．情報をまとめる・作文を書く

① ＜リサーチシート＞に情報をまとめる　② 構成を考える
③ 作文（下書き）を書く　　　　　　　　④ 先生にチェックしてもらう
⑤ もう一度作文を書き直す　　　　　　　⑥ スピーチの練習をする
⑦ ポスターを作る（行事の写真をインターネットからプリントアウトする）
　　＊ポスターを作る時は、話す言葉を全部書かないで、大切な言葉だけを書く。
　　＊色マジックなどで見やすく書く。

3．発表する・評価する

① わかりやすい話し方で、ポスターを使って効果的に話せるようにする
② 他のクラスや他の教員にも声をかけて発表を聞きに来てもらう
③ 聞いている人は発表した人に質問をする
④ クラスメートの発表を評価する
⑤ 作ったポスターは廊下や掲示板にはって、たくさんの人に見てもらう

活動① インフォメーション・ギャップ

◆インフォメーション・ギャップで話す練習をしましょう。

クラスメートとペアになってください。

下の表を見て、あいている情報についてペアの人に聞いて、答えを書いてください。

相手に質問する時、答える時は、下の文型を使ってください。

生徒①：日本で＿＿月＿＿日は何のお祭りですか。

生徒②：＿＿月＿＿日は＿＿＿（行事）＿＿＿です。

or

生徒②：＿＿＿（行事）＿＿＿は、＿＿月＿＿日に行われます。

生徒①：＿＿＿＿＿＿＿＿に何をしますか。

生徒②：＿＿＿（行事）＿＿＿に＿＿（何をする）＿＿たり、＿＿（何をする）＿＿たりします。

or

生徒②：＿＿＿（行事）＿＿＿に＿＿（何をする）＿＿て、＿＿（何をする）＿＿ます。

＜シートＡ＞

◆1、3、5、7、9についてペアの人に聞いて、答えを書きます

行事	いつ？	何をする？
1．（　　　　　　　）	1月1日	・（　　　　　　　）に行きます ・（　　　　　　）料理や（　　　　　　）を食べます ・（　　　　　　）や（　　　　　　）を飾ります
2．節分	2月3日ごろ	・豆を投げます ・「鬼は外、福は内」と言います ・恵方巻きを食べます
3．（　　　　　）	3月3日	・（　　　　　　）を飾ります ・（　　　　　　）を飲みます
4．こどもの日	5月5日	・かぶとやこいのぼりを飾ります ・かしわもちを食べます
5．（　　　　　）	7月7日	・（　　　　　　）を飾ります ・たんざくに（　　　　　）を書きます
6．中秋の名月	9月（10月）	・月をながめます ・だんごを食べます
7．（　　　　　）	10月31日	・おばけの姿をします ・（　　　　　　）をします
8．七五三	11月	・3歳、5歳、7歳の子どもが神社へ行きます ・健康を祈ります
9．（　　　　　）	12月25日	・（　　　　　　）や（　　　　　　）と（　　　　　　）をします ・（　　　　　　）や（　　　　　　）を食べます ・（　　　　　　）を交換します
10．大みそか	12月31日	・大掃除をします ・そばを食べます ・家で家族とゆっくり過ごします

64

＜シートＢ＞

◆2、4、6、8、10についてペアの人に聞いて、答えを書きます

行事	いつ？	何をする？
1．お正月	1月	・神社に行きます ・おせち料理やおぞうにを食べます ・かどまつやかがみもちを飾ります
2．（　　　　　　）	2月3日ごろ	・（　　　　　　　）を投げます ・「鬼は（　　　　　　）、福は（　　　　　　）」と言います ・（　　　　　　）を食べます
3．ひな祭り	3月3日	・ひな人形を飾ります ・甘酒を飲みます
4．（　　　　　　）	5月5日	・（　　　　　　）や（　　　　　　）を飾ります ・（　　　　　　）を食べます
5．七夕	7月7日	・ささのはを飾ります ・たんざくに願い事を書きます
6．中秋の（　　　　）	9月（10月）	・（　　　　　　）をながめます ・（　　　　　　）を食べます
7．ハロウィーン	10月31日	・おばけの姿をします ・パーティーをします
8．（　　　　　　）	11月	・3歳、5歳、7歳の子どもが（　　　　　　）へ行きます ・（　　　　　　）を祈ります
9．クリスマス	12月25日	・友達や恋人とパーティーをします ・チキンやケーキを食べます ・プレゼントを交換します
10．（　　　　　　）	12月31日	・（　　　　　　）をします ・（　　　　　　）を食べます ・家で（　　　　　　）と（　　　　　　）

活動② リサーチ・発表

◆あなたの国にはどんな行事やお祭りがありますか。調べて、クラスで紹介してください。

＜リサーチシート＞

> 祭りの名前（国）

いつしますか？	何を食べますか？

だれがしますか？	どこでしますか？

いつから始まりましたか？（歴史）	何を着ますか？（服）

何をしますか？

＜行事紹介作文シート＞

　下の文は「世界の国の行事」についてまとめるための基本的な作文の構成です。作文を書くことが苦手な人は、必要な情報を調べて、下線部に言葉を入れなさい。その後、作文用紙に全部書き写しましょう。作文を書いたことがある人は、調べた内容を自分でまとめて、作文を書いてもいいです。

行事紹介作文サンプルフォーム

はじめ	私は＿＿＿＿＿＿＿＿＿の行事を紹介したいと思います。＿＿＿＿＿＿＿＿＿ 　　　　　　（国名）　　　　　　　　　　　　　　　　　　　　（国名） は＿＿＿＿＿＿＿＿で、＿＿＿＿＿＿＿＿行事がたくさんあります。 　　（どんな国？）　　　　　（どんな行事？）
なか	一番有名な行事は、＿＿＿＿＿月の＿＿＿＿＿＿＿です。 　　　　　　　（何月？）　　　　　（行事の名前） ＿＿＿＿＿＿＿は＿＿＿＿＿を祝います。＿＿＿＿＿＿＿します。 （行事の名前）　　　（行事の目的）　　　　　（行事ですること） ＿＿＿＿＿月に＿＿＿＿＿＿という行事があります。＿＿＿＿＿ 　　（何月？）　　　（行事の名前） ＿＿＿＿＿＿＿＿＿＿＿＿＿＿＿＿＿＿＿＿＿＿します。 　　　　　　　　　（行事ですること） ＿＿＿＿＿＿＿＿＿＿ので、＿＿＿＿＿＿＿＿＿です。 　　　（行事の様子）　　　　　　　　（行事の様子） 　また＿＿＿＿＿＿月には＿＿＿＿＿＿といって、 　　　（何月？）　　　　　（行事の名前） ＿＿＿＿＿＿＿＿＿＿＿＿＿＿＿行事があります。 　　　　（行事ですること） ＿＿＿＿＿＿＿＿＿＿＿＿＿＿＿します。 　　　　（行事ですること）
おわり	＿＿＿＿＿＿＿は＿＿＿＿＿＿＿＿＿です。世界でも 　（国名）　　　　　　（文化の特徴） とても有名です。＿＿＿＿＿＿＿＿＿＿＿＿＿＿。 　　　　　　　（最後に一言）

　1．調べたことを作文用紙に400字くらいでまとめましょう。
　　作文の提出日は＿＿＿＿月＿＿＿日（　　）です。
　　ポスターを作って発表の練習をしてください。
　2．発表は＿＿＿月＿＿＿日（　　）です。

おすすめの文法・表現例

●調べた内容を報告する

・〜について調べました　　　・〜について話したいと思います

●説明する

・〜は〜ようになりました　　・〜といって〜します

●すすめる

・よかったら〜してください　・ぜひ〜してください

行事紹介作文例
〜情報をまとめる〜

はじめ	私はタイの行事を紹介したいと思います。タイは仏教の国で、仏教と関係の深い行事がたくさんあります。
なか	一番有名なお祭りは、4月のソンクラーン祭りです。ソンクラーンとはタイの正月のことです。体を清めるために水をかけます。最近はバケツや水鉄砲を使って水をかけ合うようになりました。 　11月にコムローイ祭りという祭りがあります。ブッダへの感謝の気持ちを込めて、ランタンを空へ放ったのが始まりです。空にたくさんのランタンが浮かぶので、とてもきれいです。他にも、10月または11月ごろにロイクラトン祭りといって、作物の収穫を祝って、水に感謝をするお祭りがあります。バナナの葉や紙で作ったクラトンという灯篭をろうそくや線香や花で飾って、満月の日に川に流します。コムローイ祭りとロイクラトン祭りは両方とも、感謝の気持ちと病気や悩みがなくなり良くなりますようにという願いを込めて行う行事です。
おわり	今でもタイには仏教の伝統的な習慣があります。世界でもとても有名です。日本でもタイのお祭りを体験できるところがあります。よかったら参加してみてください。

トピック 4

世界の国を紹介しよう

自分の国のことをクラスメートに紹介して、みんなにあなたの国について知ってもらいましょう。たくさん調べることは、きっと自分の国のことを知るよい機会にもなります。
クラスメートの国のことも知って、世界の国のことをたくさん学びましょう。

トピック **4** ｜ 世界の国を紹介しよう

はじめに

◆次の質問に答えましょう。

1．次の国旗はどこの国の国旗ですか。

（1）

（2）

（3）

（4）

（5）

2．次の質問に答えましょう。

（1）ネパールの首都はどこですか。

（2）オーストラリアの首都はどこですか。

（3）アメリカの首都はどこですか。

（4）インドネシアの首都はどこですか。

（5）ロシアの首都はどこですか。

トピック **4** ｜ 世界の国を紹介しよう

リスニング

◆本文を聞きましょう。本文を見ないで、下の表に言葉を書きましょう。

国について	国の名前：＿＿＿＿＿＿＿＿＿　首都：＿＿＿＿＿＿＿＿＿ 場所：＿＿＿＿＿＿＿＿＿＿＿＿＿＿＿＿＿＿＿＿＿＿＿ 面積：約＿＿＿＿＿＿＿km²、世界第＿＿＿＿＿＿位 人口：約＿＿＿＿＿＿＿人、世界第＿＿＿＿＿＿位 おすすめのお土産：＿＿＿＿＿＿＿＿＿＿＿＿＿＿＿＿＿ 人気のあるスポーツ：＿＿＿＿＿＿＿＿＿＿＿＿＿＿＿＿ 公用語：＿＿＿＿＿＿＿＿＿＿＿＿＿＿＿＿＿＿＿＿＿
歴史	昔、北アメリカには＿＿＿＿＿＿＿＿＿＿＿＿が住んでいました。 ＿＿＿＿世紀初めに、＿＿＿＿人の探検家が＿＿＿＿を作りました。 その後、カナダを植民地にするために＿＿＿＿と＿＿＿＿が争いました。
産業	現在発達している産業：
特徴	カナダでは、いろいろな＿＿＿＿＿の人が集まって、＿＿＿＿＿を作っています。そのため、「＿＿＿＿＿の＿＿＿＿＿」と呼ばれています。自分たちのふるさとの＿＿＿＿＿と＿＿＿＿＿を大切にして、暮らしています。

＊音声は https://www.3anet.co.jp/np/books/3934/ で聞いてください。

トピック 4 ｜ 世界の国を紹介しよう

本文

これはどこの国の国旗だと思いますか。これは、カナダの国旗です。真ん中の絵は「かえで」の葉です。「かえで」は英語で「メープル（maple）」と言います。カナダにはかえでの木がたくさんあります。カナダのおすすめのお土産は、メープルシロップです。カナダで人気のあるスポーツはアイスホッケー、ラクロス、カナディアンフットボールです。

では、これからカナダについてお話しします。

まず、カナダの地理と気候について話します。カナダは北アメリカ大陸にあります。首都はオタワです。面積は約1000万 km^2 で、日本の約26倍です。世界で2番目に大きいです。カナダには自然がたくさんあって、国の面積の半分は森林です。人口は約3725万人で、世界で38位です。カナダの人口は、日本の人口の約3分の1です。広大な土地なのに人が少ないので、日本よりゆったりと暮らしています。気候は、都市によって違います。バンクーバーなどの西海岸では夏は涼しく乾燥していますが、冬はそれほど寒くなくて、雨が多いです。トロントやモントリオールでは、夏は気温が高く蒸し暑いですが、冬はマイナス10度からマイナス30度まで下がるので、とても寒いです。

次に歴史について話します。カナダの公用語は英語とフランス語です。2つの公用語があるのはカナダの歴史と関係があります。北アメリカには昔、先住民のイヌイットが住んでいましたが、17世紀の初めにフランス人の探検家がカナダに来て、ケベックという町を作りました。しかし、その後カナダを植民地にするために、フランスとイギリスが争いました。そして1763年にイギリスが勝ち、カナダはイギリスの植民地になりました。その結果、フランス系の人たちは、今のケベック州を中心とした地域に住むことになりました。だから、カナダにはフランス語と英語を話す人がいます。

最後に、カナダの魅力について話します。カナダの魅力は、自然や文化がたくさんあるところです。産業も発達しています。カナダは20世紀の初めのころ、農業が中心でしたが、今は機械や自動車産業、IT産業も発展しています。アメリカ、日本、イギリス、中国などと貿易をしています。

カナダに行ったら、世界各国の料理を楽しむことができます。それは、いろいろな民族の人が集まって自分たちのふるさとの文化や伝統を大切にしているからです。カナダでは、それぞれの民族が自分たちの文化を大切にできるようにコミュニティを作っているので、「人種のモザイク」と呼ばれています。今日はカナダの地理、気候、歴史、魅力、産業について話しました。興味があったら、みなさんもカナダに行ってみてください。

トピック **4** ｜ 世界の国を紹介しよう

言葉リスト

◆次の言葉の読み方を書きなさい。わからない言葉の意味を調べましょう。

言葉	読み方	意味
国旗		
真ん中		
おすすめ		
お土産		
人気		
地理		
気候		
北アメリカ大陸		
首都		
面積		
約		
世界		
自然		
半分		
森林		
人口		

広大な		
土地		
ゆったりと		
暮らす		
都市		
違う		
西海岸		
夏		
涼しい		
乾燥する		
冬		
寒い		
気温		
蒸し暑い		
歴史		
公用語		
関係		
昔		
先住民		
探検家		
町		
植民地		
争う		
勝つ		
中心		

最後		
魅力		
文化		
産業		
発達する		
農業		
機械		
自動車		
IT		
発展する		
貿易		
世界各国		
楽しむ		
民族		
ふるさと		
伝統		
大切にする		
コミュニティ		
人種		
モザイク		
興味		

トピック **4** ｜ 世界の国を紹介しよう

漢字言葉学習

１．次の漢字の読み方を書きなさい。

（１）気候　　　（　　　　　　　　）　　（２）国　　　　（　　　　　　　　）

（３）民族　　　（　　　　　　　　）　　（４）気温　　　（　　　　　　　　）

（５）歴史　　　（　　　　　　　　）　　（６）都市　　　（　　　　　　　　）

（７）面積　　　（　　　　　　　　）　　（８）文化　　　（　　　　　　　　）

（９）涼しい　　（　　　　　　　　）　　（10）公用語　　（　　　　　　　　）

（11）料理　　　（　　　　　　　　）　　（12）寒い　　　（　　　　　　　　）

（13）自然　　　（　　　　　　　　）　　（14）魅力　　　（　　　　　　　　）

（15）地理　　　（　　　　　　　　）　　（16）違う　　　（　　　　　　　　）

（17）産業　　　（　　　　　　　　）　　（18）お土産　　（　　　　　　　　）

（19）大切　　　（　　　　　　　　）　　（20）大陸　　　（　　　　　　　　）

２．次は何の言葉を説明していますか。本文の中から見つけなさい。

（１）ある国の政治の中心の町　　　　　　　　　　　　　（　　　　　　　　）

（２）米や小麦、野菜を作ること　　　　　　　　　　　　（　　　　　　　　）

（３）いろいろな国から商品を輸入したり、輸出したりする　（　　　　　　　　）

（４）ある国のある期間の天気の様子　　　　　　　　　　（　　　　　　　　）

（５）いいところ、すてきなところ　　　　　　　　　　　（　　　　　　　　）

トピック **4** ｜ 世界の国を紹介しよう

文法学習

1. 連体修飾節

名詞を詳しく説明するために、文を普通体に変えて、名詞を修飾する。

例）文1：女の人が先生と話しています。　文2：その女の人は私の母です。
　　→先生と話している女の人は私の母です。

（1）文1：これは時計です。文2：父がその時計を買ってくれました。

　　→＿＿＿＿＿＿＿＿＿＿＿＿＿＿＿＿＿＿＿＿＿＿＿＿＿＿＿＿＿＿＿＿

（2）文1：友達がフランスでお土産を買ってくれました。文2：このお土産はおいしいです。

　　→＿＿＿＿＿＿＿＿＿＿＿＿＿＿＿＿＿＿＿＿＿＿＿＿＿＿＿＿＿＿＿＿

（3）文1：昨日映画を見ました。文2：その映画は、海外でも人気があります。

　　→＿＿＿＿＿＿＿＿＿＿＿＿＿＿＿＿＿＿＿＿＿＿＿＿＿＿＿＿＿＿＿＿

2. 名詞 について（話す・言う・調べるなど）

「話す、言う、調べる」ことなどの内容を表す。

（1）日本の文化について＿＿＿＿＿＿＿＿＿＿＿＿＿＿＿＿＿＿＿＿＿＿＿＿

（2）＿＿＿＿＿＿＿＿＿＿＿＿＿＿＿＿＿＿＿＿＿について調べて発表します。

（3）＿＿＿＿＿＿＿＿＿＿＿＿＿＿＿＿＿＿＿＿＿＿＿＿＿＿＿＿＿＿＿＿＿

3. 名詞（人・動物） は 場所 にいる
　　名詞（もの） は 場所 にある

存在を表す。「いる」は人や動物など生きていて動くものを主語にする。生きていないものや植物のように生きているが動けないものは「ある」を使う。

（1）ブラジルは、＿＿＿＿＿＿＿＿＿＿＿＿＿＿＿＿＿＿＿＿＿＿＿＿＿＿

（2）コアラは、＿＿＿＿＿＿＿＿＿＿＿＿＿＿＿＿＿＿＿＿＿＿＿＿＿＿＿

（3）エジプトは、＿＿＿＿＿＿＿＿＿＿の＿＿＿＿＿＿＿＿に＿＿＿＿＿＿

（4）＿＿＿＿＿＿＿＿＿＿＿＿＿＿＿＿＿＿＿＿＿＿＿＿＿＿＿＿＿＿＿＿＿

4. 名詞1 は 名詞2 の 数字 倍／ 数字 分の 数字 ／ 数字 %だ

2つを比べて、倍率や割合を言う。

（1）ロシアの面積は、日本＿＿＿＿＿＿＿＿＿＿＿＿＿＿＿＿＿＿＿＿＿＿＿＿＿＿＿＿＿＿＿です。

　　　（ロシアの面積：1710万km²）　（日本の面積：38万km²）

（2）日本の面積は、アメリカ＿＿＿＿＿＿＿＿＿＿＿＿＿＿＿＿＿＿＿＿＿＿＿＿＿＿＿＿です。

　　　（日本の面積：38万km²）　（アメリカの面積：983万km²）

（3）中国の人口は、日本＿＿＿＿＿＿＿＿＿＿＿＿＿＿＿＿＿＿＿＿＿＿＿＿＿＿＿＿＿＿です。

　　　（中国の人口：14億人）　（日本の人口：1億3000万人）

（4）＿＿＿

5. 名詞 ＋（　　　　）＋のに、〜

　　イ形容詞 ＋のに、〜

　　ナ形容詞 （　　　　）＋のに、〜

　　動詞（　　　　　　）＋のに、〜

前の文から考えられることと反対のことが起こっていることに、話し手が驚いている、意外だと思っている気持ちを表す。

（1）今日は＿＿＿＿＿＿＿＿＿＿＿＿＿＿＿＿＿＿＿＿＿のに、子どもたちは外で遊んでいる。

（2）風邪なのに、＿＿＿＿＿＿＿＿＿＿＿＿＿＿＿＿＿＿＿＿＿＿＿＿＿＿＿＿＿＿＿＿＿＿

（3）＿＿＿

6. 名詞1 （もの・人）は 名詞2 （基準にすること） によって（違う・変わる）

「一つ一つの 名詞2 で、または、それぞれの 名詞2 ごとに、 名詞1 が違う・変わる」ことを表す。

（1）文化は＿＿＿＿＿＿＿＿＿＿＿＿＿＿＿＿＿＿＿＿＿＿＿＿＿によって、違います。

（2）料理は＿＿＿＿＿＿＿＿＿＿＿＿＿＿＿＿＿＿＿＿＿＿＿＿＿によって、変わります。

（3）＿＿＿

7. 名詞1 は～が、名詞2 は～

2つの文を比べて、「大きい⇔小さい」のように対照的なことを言う。

（1）日本は＿＿＿＿＿＿＿＿＿＿＿＿＿＿＿ですが、カナダは＿＿＿＿＿＿＿＿＿＿＿＿＿＿

（2）＿＿＿＿＿＿＿君は＿＿＿＿＿＿＿＿が、＿＿＿＿＿＿＿さんは＿＿＿＿＿＿

（3）＿＿＿＿＿＿＿＿＿＿＿＿＿＿＿＿＿＿＿＿＿＿＿＿＿＿＿＿＿＿＿＿＿＿＿＿＿

8. 名詞1 ＋という＋名詞2

名詞1 は具体的な名前、名詞2 には一般的な名詞が来る。

（1）『ちびまる子ちゃん』＿＿＿＿＿＿＿＿＿＿＿＿＿＿＿＿＿＿＿＿＿＿＿＿＿＿＿＿

（2）＿＿＿＿＿＿＿＿＿に行ったら、＿＿＿＿＿＿＿＿＿という食べ物を食べてみてください。

（3）＿＿＿＿＿＿＿＿＿＿＿＿＿＿＿＿＿＿＿＿＿＿＿＿＿＿＿＿＿＿＿＿＿＿＿＿＿

9. しかし（逆接）

＜接続詞＞　後ろの文は、前の文から考えられることと違うことを言う。

「でも」よりも硬い表現。

（1）新しいパソコンは高い。しかし、＿＿＿＿＿＿＿＿＿＿＿＿＿＿＿＿＿＿＿＿＿

（2）＿＿＿＿＿＿＿＿＿＿＿＿＿＿＿＿＿＿。しかし、林君は最後までがんばった。

（3）＿＿＿＿＿＿＿＿＿＿＿＿＿＿＿＿＿＿＿＿＿＿＿＿＿＿＿＿＿＿＿＿＿＿＿＿＿

10. 文（普通体）＋ことになる

「（ある状況から当然）そうなる」「（話し手の意志に関係なく）～することに決まっている」

という意味。

（1）試験勉強をしなければ＿＿＿＿＿＿＿＿＿＿＿＿＿＿＿＿＿＿＿＿＿ことになる。

（2）次のオリンピックは＿＿＿＿＿＿＿＿＿＿＿＿＿＿＿＿＿ことになっています。

（3）＿＿＿＿＿＿＿＿＿＿＿＿＿＿＿＿＿＿＿＿＿＿＿＿＿＿＿＿＿＿＿＿＿＿＿＿＿

11. 名詞 の〜は、 イ形容詞 ＋ところだ

    名詞 の〜は、 ナ形容詞（　　　　）＋ところだ

    名詞 の〜は、 動詞（普通体）＋ところだ

「名詞の〜は、文です」の形で、述語が文の時に「こと」や「ところ」をつけて文を名詞の
形に変える。

（1）日本の魅力は、＿＿＿＿＿＿＿＿＿＿＿＿＿＿＿＿＿＿＿＿＿＿＿＿です。

（2）私の高校のいいところは、＿＿＿＿＿＿＿＿＿＿＿＿＿＿＿＿＿＿です。

（3）＿＿＿＿＿＿＿＿＿＿＿＿＿＿＿＿＿＿＿＿＿＿＿＿＿＿＿＿＿＿＿＿

12. 動詞（自動詞の辞書形、自動詞・他動詞（可能）、ない形）＋ように

「〜の状態になりたい」という目的を表す。

（1）＿＿＿＿＿＿＿＿＿＿＿＿＿＿＿＿＿＿＿＿＿＿ように、お金をためます。

（2）将来＿＿＿＿＿＿＿＿＿＿＿＿＿＿＿＿ように、今がんばって勉強します。

（3）＿＿＿＿＿＿＿＿＿＿＿＿＿＿＿＿＿＿＿＿＿＿＿＿＿＿＿＿＿＿＿＿

💡 「ために」と「ように」の違い

「ために」も「ように」も目的を表しますが、使い方の違いをくわしく見ていきましょう。

◇他動詞（辞書形）＋ために：意志を持った動作を目的にする。動詞の「ない形＋ない」
と一緒には使えない。

例）テストで100点とるために、一生懸命勉強する。○

　　日本語がわかるために、毎日勉強する。×

　　忘れ物をしないために、持ち物を確認する。×

◇「できる」「わかる」「見える」「聞こえる」などの自動詞＋ように

　　自動詞・他動詞（可能）＋ように

　　自他動詞（ない形）＋ない＋ように：動詞の「可能」「ない形」、自動詞と一緒に使う。

例）テストで100点とれるように、一生懸命勉強する。○

　　学校に遅れないように、早く起きる。○

　　留学するように、英語の力を上げる。×

80

トピック **4** | 世界の国を紹介しよう

内容理解

1．本文を読んで、正しい文に○、間違っている文に×を書きなさい。
（1）カナダは日本よりも大きいです。　　　　　　　　　　　　　（　　）
（2）カナダには自然がたくさんあります。　　　　　　　　　　　（　　）
（3）カナダの人口は世界のどこよりも多いです。　　　　　　　　（　　）
（4）カナダは場所によって季節が逆になります。　　　　　　　　（　　）
（5）カナダには英語とフランス語を話す人がいます。　　　　　　（　　）
（6）17世紀以前には北アメリカには人が住んでいませんでした。　（　　）
（7）今カナダにはいろいろな民族の人が住んでいます。　　　　　（　　）
（8）カナダは昔農業がさかんでしたが、今は農作物を作っていません。（　　）
（9）カナダは、今機械や自動車の産業が有名です。　　　　　　　（　　）
（10）カナダではいろいろな文化や料理が楽しめます。　　　　　　（　　）

2．本文を読んで、次の質問に答えなさい。
（1）カナダの首都はどこですか。

（2）カナダの人口と面積を数字と記号で書きなさい。また、カナダの人口密度を計算しなさい。

（3）バンクーバーとモントリオールでは、冬はどちらが寒いですか。

（4）カナダの公用語は何ですか。

（5）現在、カナダでフランス語を話す人が多い地域はどこですか。

（6）「人種のモザイク」とは、どういうことですか。

（7）17世紀まで、カナダにはどんな人が住んでいましたか。

（8）現在、カナダではどんな産業が発展していますか。

（9）本文を読んで、あなたはカナダのどんなところがいいと思いましたか。本文の中から
　　 3つ書きなさい。

　・＿＿＿＿＿＿＿＿＿＿＿＿＿＿＿＿＿＿＿＿＿＿＿＿＿＿＿＿

　・＿＿＿＿＿＿＿＿＿＿＿＿＿＿＿＿＿＿＿＿＿＿＿＿＿＿＿＿

　・＿＿＿＿＿＿＿＿＿＿＿＿＿＿＿＿＿＿＿＿＿＿＿＿＿＿＿＿

（10）あなたの国のいいところを3つ紹介してください。

　・＿＿＿＿＿＿＿＿＿＿＿＿＿＿＿＿＿＿＿＿＿＿＿＿＿＿＿＿

　・＿＿＿＿＿＿＿＿＿＿＿＿＿＿＿＿＿＿＿＿＿＿＿＿＿＿＿＿

　・＿＿＿＿＿＿＿＿＿＿＿＿＿＿＿＿＿＿＿＿＿＿＿＿＿＿＿＿

トピック **4** ｜ 世界の国を紹介しよう

活動

活動のポイント

- 国について調べる（首都、人口、国旗、面積、公用語、有名な食べ物、行事、有名な歌手、スポーツ、気候、歴史、経済、産業など）
- 調べた情報をもとに、パワーポイントでスライドを作る
- パワーポイントを使って発表する
- 発表の内容に関連するクイズを作って、クイズ大会をする

（クイズはウェブサイトからダウンロード可能）

活動①の流れ：リサーチ・発表

1. 決める・調べる
    ① どの国について調べるかを決める
    ② 情報を集める・調べる（本やインターネットで調べる）

2. 情報をまとめる・作文を書く
    ① ＜リサーチシート＞に情報をまとめる
    ② 構成（「はじめ」「なか」「おわり」）を考える
    ③ 作文（下書き）を書く
    ④ 先生にチェックしてもらう
    ⑤ もう一度作文を書き直す
    ⑥ スピーチの練習をする、作文を覚える
    ⑦ パワーポイントを作る（スライドは5枚〜10枚以内）
        ＊スライドを作る時に、話す言葉を全部書かず、キーワードだけ書く。
        ＊スライドの字は大きなフォントにする（24ポイント以上が見やすい）。

3. 発表する・評価する
    ① パワーポイントを使って、発表する
    ② 聞いている人は発表した人に質問をする
    ③ 聞いている人は評価表を使って発表を評価する
    ④ クラスメートの発表を聞いて、どこの国に行きたいか、国を一つ選んで投票してもよい

活動②の流れ：クイズ大会

① それぞれが発表した国についてクイズとその答えを作る（5つ以上）
② 次の授業でクイズ大会をする　＊1問10点、個人あるいはペア（グループ）で行う

活動①	リサーチ・発表

◆あなたの国（好きな国）について調べましょう。

本やインターネットを使って情報をまとめて、作文を書きなさい。

発表のために、インターネットで調べた写真も保存しておきましょう。

＜リサーチシート＞

調べる国

首都・場所・人口・面積

有名な食べ物・お土産など

有名な人やスポーツなど

有名な観光地・
有名な行事など

歴史

政治や経済

1. ＜サンプルフォーム＞を参考にして、作文用紙に調べたことを 400 字くらいでまとめましょう。パワーポイントを作って、発表の練習をしてください。
   作文の提出日は＿＿＿＿＿月＿＿＿＿＿日（＿＿＿＿）です。
2. 発表は＿＿＿＿＿月＿＿＿＿＿日（＿＿＿＿）です。

＜国リサーチ作文シート＞

　下の文は「世界の国」についてまとめるための基本的な作文の構成です。作文を書くことが苦手な人は、必要な情報を調べて、下線部に言葉を入れなさい。その後、作文用紙に全部書き写しましょう。自分で作文が書ける人は、調べた内容を自分でまとめて、作文を書いてもいいです。

国リサーチ作文サンプルフォーム

はじめ	私は、＿＿＿＿＿＿＿＿＿について調べました。それでは、今から調べた内 　　　　　　（国名） 容について、話したいと思います。
なか	まず、＿＿＿＿＿＿の地理と気候について話します。＿＿＿＿＿＿＿＿は、 　　　　（国名）　　　　　　　　　　　　　　　　　　　　　（国名） ＿＿＿＿＿＿にあります。首都は＿＿＿＿＿です。公用語は、＿＿＿＿＿です。 　（場所）　　　　　　　　　　（首都名）　　　　　　　　　（公用語） 面積は＿＿＿＿＿＿＿km² で、世界で＿＿＿＿位です。 　　　　（面積）　　　　　　　　　　（順位） 人口は＿＿＿＿＿＿＿人で、世界で＿＿＿＿位です。 　　　　（人口）　　　　　　　　（順位） 　気候は、＿＿＿＿＿＿＿＿＿＿＿＿＿＿＿＿。 　　　　　　　　（気温、季節など） 　次に歴史についてお話します。＿＿＿＿＿＿は、＿＿＿＿＿年に独立し 　　　　　　　　　　　　　　　（国名）　　　　　　（年） （建国され）ました。産業は＿＿＿＿＿＿＿＿＿＿が発展しています。 　　　　　　　　　　　　　（発展している産業） 　最後に＿＿＿＿＿＿の魅力についてお話します。＿＿＿＿＿＿の魅力は 　　　　（国名）　　　　　　　　　　　　　　　　（国名） ＿＿＿＿＿＿＿＿＿＿＿＿＿＿＿＿ところです。 　　　　（その国のいいところ）
おわり	今日は＿＿＿＿＿＿の地理、気候、歴史、魅力、産業について話しました。 　　　　　（国名） ＿＿＿＿＿は、＿＿＿＿＿＿＿＿＿＿ということがわかりました。 　（国名）　　（気づいたこと、わかったこと、興味深いと思ったことなど） そして、＿＿＿＿＿＿＿＿＿＿＿＿＿＿＿と思いました。 　　　　　　　　　　（感想） 以上です。ありがとうございました。

86

おすすめの文法・表現例

●調べた内容を報告する

・〜について調べました

・〜について話したいと思います

●情報を報告する

・面積は〜 km^2 で、世界で〜位です

・夏は〜ですが、冬は〜です

・そのころ〜だったそうです

●内容・意見をまとめる

・だから〜だと思いました

・〜ので〜です

国リサーチ作文例
〜情報をまとめる〜

はじめ	これはどこの国の国旗だと思いますか。この国のおすすめのお土産は、メープルシロップで、人気のスポーツはアイスホッケー、ラクロス、カナディアンフットボールです。答えはカナダです。では、これからカナダについて話します。
なか	まず、カナダの地理と気候について話します。カナダは北アメリカ大陸にあります。首都はオタワです。面積は約 1000 万 km^2 で、日本の約 26 倍です。世界で 2 番目に大きいです。カナダは自然がたくさんあって、国の面積の半分は森林です。人口は約 3725 万人で世界で 38 位です。カナダの人口は日本の人口の約 3 分の 1 です。気候は、都市によって違います。バンクーバーなどの西海岸では夏は涼しく乾燥していますが、冬はそれほど寒くなくて、雨が多いです。トロントやモントリオールでは、夏は気温が高く蒸し暑いですが、冬はマイナス 10 度からマイナス 30 度まで下がるので、とても寒いです。 　次に歴史について話します。北アメリカには昔、先住民のイヌイットが住んでいましたが、17 世紀の初めにフランス人の探検家がカナダに来て、ケベックという町を作りました。しかし、その後カナダを植民地にするために、フランスとイギリスが争い、1763 年にイギリスが勝って、カナダはイギリスの植民地になりました。現在、フランス系の人たちはケベック州を中心とした地域に住んでいます。そのため、カナダにはフランス語と英語を話す人がいます。 　最後に、カナダの魅力について話します。カナダの魅力は、自然や文化がたくさんあるところです。産業も発達しています。カナダは 20 世紀初めまでは農業が中心でしたが、今は機械や自動車産業、ＩＴ産業も発展しています。アメリカ、日本、イギリス、中国などと貿易をしています。いろいろな民族が集まって、コミュニティを作っているので、「人種のモザイク」と呼ばれています。自分たちのふるさとの文化や伝統を大切にして、カナダで暮らしています。
おわり	今日はカナダの地理、気候、歴史、魅力、産業について話しました。みなさんもぜひカナダに行ってみてください。以上です。ありがとうございました。

活動②	クイズ大会

◆あなたの発表に関するクイズを5つ以上作ってください。答えも書いてください。

そのクイズを使って、クラスでクイズ大会をします。(インターネットでダウンロードできるサンプルクイズも一緒に使ってください)

1. _____

   こたえ： _____

2. _____

   こたえ： _____

3. _____

   こたえ： _____

4. _____

   こたえ： _____

5. _____

   こたえ： _____

6. _____

   こたえ： _____

7. _____

   こたえ： _____

8. _____

   こたえ： _____

次の時間にクイズ大会をします！

トピック 5

昔話

日本の昔話を読んでみましょう。日本の昔話は西洋の物語と比べてどんな特徴がありますか。あなたの国の昔話と比べて、同じところがありますか。昔話を読んで、物語を楽しみましょう。

トピック **5** ｜ 昔話

はじめに

◆次の質問に答えましょう。

1. あなたは日本の昔話を読んだことがありますか。それはどんな話ですか。

2. 次の昔話について、その昔話の内容になるように、「だれが・何を・何から」を＜グループA＞（あ）〜（か）から、「どうした」を＜グループB＞（ア）〜（カ）からそれぞれ選んで、文を作りましょう。

	だれが	だれに・何を・何から	どうした
(1) 桃太郎	桃太郎が		
(2) おむすびころりん	おじいさんが		
(3) 竹取物語	かぐや姫が		
(4) 鶴の恩返し	おじいさんが		
(5) 浦島太郎	浦島太郎が		
(6) 花咲かじいさん	おじいさんが		

＜グループA＞だれに・何を・何から	＜グループB＞どうした
（あ）乙姫様に宝物を	（ア）咲かせた
（い）竹から	（イ）退治した
（う）鶴を	（ウ）もらった
（え）ねずみにおにぎりを	（エ）生まれた
（お）鬼を	（オ）あげた
（か）花を	（カ）助けた

3．次の文が物語の順番になるように、1～10の番号を（　）に書きなさい。

（　）かぐや姫は「私は月に住む人です。だれとも結婚することはできません。私はもうすぐ月に帰らなければなりません。おじいさんとおばあさんとお別れするのは、悲しいです」と言いました。

（　）おじいさんが山で光っている竹を見つけました。

（　）かぐや姫は美しい女性に育ちました。

（　）その中の5人の男の人が、かぐや姫に結婚を申し込みました。

（　）かぐや姫は月に帰って行きました。

（　）竹を切ると、中からかわいい小さな女の子が出てきました。

（　）でも、だれもかぐや姫が言ったものを持って来ることはできませんでした。

（　）美しいかぐや姫のことを聞いて、たくさんの男の人がかぐや姫に会いたいと思いました。

（　）おじいさんとおばあさんは女の子を「かぐや姫」と名付けて、大事に育てました。

（　）かぐや姫は5人の男の人たちに「私が言った宝物を持ってきたら、結婚してもいい」と言いました。

トピック **5** ｜ 昔話

リスニング

◆リスニング用スクリプトがあります。（p.255）

1．＜リスニングの前に＞次の絵を見て、どんな物語か話し合いましょう。

2．＜リスニング＞物語を聞いて、正しい順番に1〜10の番号を書きましょう。

3.＜リスニングの後に＞次の物語の文が正しい順番になるように番号をつけなさい。

（　　　　）おじいさんが町に布を売りにいくと、娘が織った布は町で高く売れました。

（　　　　）雪が降る夜、美しい娘がおじいさんとおばあさんの家へやってきました。娘が「道に迷ったので一晩泊めてほしい」と言ったので、おじいさんとおばあさんは家に泊めてあげました。

（　　　　）娘は部屋から出てくると、おじいさんに助けてもらった鶴だと話しました。本当の姿を知られたので、娘はもう一緒に暮らせないと言いました。

（　　　　）昔々、あるところにおじいさんとおばあさんが住んでいました。ある冬の雪の日、おじいさんが町にたきぎを売りに出かけると、けがをした鶴を見つけました。おじいさんは鶴をかわいそうに思って、助けてあげました。

（　　　　）娘は、ある日「布を織りたいので糸を買ってきて欲しい」と頼みました。おじいさんが糸を買って来ると、娘は「絶対に中を見ないでください」と言って、何日も部屋から出ないで、布を織りました。

（　　　　）そして、鶴の姿に戻って、空へと飛んで行きました。

（　　　　）次の日も、また次の日も雪はなかなか止まず、娘はおじいさんとおばあさんの家に泊まりました。娘はおじいさんとおばあさんの世話をして、楽しく過ごしました。そして、娘はおじいさんとおばあさんと一緒に暮らしたいと頼みました。おじいさんとおばあさんは喜びました。

（　　　　）部屋には娘ではなくて、鶴がいました。鶴は自分の羽を抜いて布に混ぜて作っていました。鶴はやせて、かわいそうな姿になっていました。

（　　　　）娘が織った布はとてもきれいでした。

（　　　　）娘はまた布を織ると言って部屋に入りました。ところが、おじいさんとおばあさんは、いったいどうやって娘がきれいな布を織るのか見たくて、部屋の中を見てしまいました。

*音声は https://www.3anet.co.jp/np/books/3934/ で聞いてください。

トピック **5** ｜ 昔話

本文

　「昔話」は、何百年も前から今の時代まで伝わっている物語です。「むかしむかしあるところに」という文で始まります。読者の想像をふくらませるために、時代や場所をはっきり言いません。

　例えば、有名な昔話に次のような話があります。

　「むかしむかしあるところに、おじいさんとおばあさんがいました。おじいさんは、山へ木を切りに行きました。おばあさんは、川に洗濯しに行きました。すると、川に大きな桃が流れてきました。おばあさんは、それを家に持って帰りました。桃を半分に切ると、中から元気な男の子が生まれました。男の子は大きくなっておじいさんとおばあさんの手伝いをたくさんしました。ある日、男の子は鬼ヶ島の鬼が人々を困らせていると聞き、鬼を退治しに行くことにしました。鬼ヶ島へ行く途中、犬、猿、きじに出会いました。男の子はおばあさんからもらったきびだんごをあげて、家来にしました。そして、男の子は動物たちと力を合わせて、鬼ヶ島の鬼を退治して、鬼が持っていた宝物をもらって、家に帰りました。男の子はおじいさんとおばあさんと幸せに暮らしました」

　日本の昔話の特徴は、「おじいさん」「おばあさん」「鬼」や動物などがよくあらわれる点です。登場人物に名前をつけないで、「おじいさん」「おばあさん」と呼んで、物語を語ります。また、「シンデレラ」や「白雪姫」などのような西洋の物語は「王子様」や「お姫様」の恋愛の話が多いのに対し、日本の昔話は「桃太郎」「一寸法師」「鶴の恩返し」のように、「おじいさん」や「おばあさん」と男の子や女の子が出てくる物語が多いようです。そして、「みんなが力を合わせたら、大きなことができる」「いいことをしたら、自分にもいいことが返ってくる」という生き方の教訓を教えています。おもしろいのは、国が違っても似ている物語がたくさんあることです。場所が変わったり時間が経ったりするにつれ、物語の内容も少しずつ変わっていくのも楽しいです。

　みなさんは、日本のどんな昔話を読んだことがありますか。みなさんの国の昔話にはどんなお話がありますか。それには、日本の昔話と似ているところや違うところがありますか。国境を越えた昔話の共通点、相違点を見つけるのも楽しいですね。

トピック 5 ｜ 昔話

言葉リスト

◆次の言葉の読み方を書きなさい。わからない言葉の意味を調べましょう。

言葉	読み方	意味
昔話		
時代		
伝わる		
読者		
想像		
ふくらむ		
場所		
はっきり		
洗濯する		
流れる		
半分		
切る		
手伝い		
困る		
退治する		
途中		
家来		
動物		
宝物		
幸せな		
暮らす		
特徴		

あらわれる		
登場人物		
語る		
西洋		
王子様		
お姫様		
恋愛		
生き方		
教訓		
似ている		
変わる		
時間が経つ		
内容		
国境を越える		
共通点		
相違点		

トピック 5 | 昔話

1．次の漢字の読み方を書きなさい。

（1）語る　　（　　　　　）　　（2）洗濯　　（　　　　　）

（3）読者　　（　　　　　）　　（4）宝物　　（　　　　　）

（5）登場人物（　　　　　）　　（6）時代　　（　　　　　）

（7）西洋　　（　　　　　）　　（8）恋愛　　（　　　　　）

（9）教訓　　（　　　　　）　　（10）共通点　（　　　　　）

（11）特徴　　（　　　　　）　　（12）相違点　（　　　　　）

（13）場所　　（　　　　　）　　（14）昔話　　（　　　　　）

（15）半分　　（　　　　　）　　（16）国境　　（　　　　　）

（17）流れる　（　　　　　）　　（18）想像　　（　　　　　）

（19）困る　　（　　　　　）　　（20）暮らす　（　　　　　）

2．次は何の言葉を説明していますか。本文の中から見つけなさい。

（1）物語に出てくる人たち　　　　　　　　　　　（　　　　　）

（2）2つのものを比べた時の違うところ　　　　　（　　　　　）

（3）国と国を分ける線　　　　　　　　　　　　　（　　　　　）

（4）昔の人の大切な教え　　　　　　　　　　　　（　　　　　）

（5）何かをしていてまだ終わっていない時　　　　（　　　　　）

トピック 5 ｜ 昔話

文法学習

1. 名詞1 ＋から 名詞2 ＋まで
時間や場所の始まりと終わりの点を表す。名詞1 ←→ 名詞2

（1）月曜日から金曜日まで＿＿＿＿＿＿＿＿＿＿＿＿＿＿＿＿＿＿＿＿＿＿＿＿＿

（2）＿＿＿＿＿＿＿＿＿＿＿＿＿＿＿＿＿＿＿＿＿＿、新幹線で1時間くらいです。

（3）＿＿＿＿＿＿＿＿＿＿＿＿＿＿＿＿＿＿＿＿＿＿＿＿＿＿＿＿＿＿＿＿＿＿＿

2. 動詞（　　　　　形）＋に行く
「(場所に)〜のために行く」目的を「に行く」の前に置く。

（1）図書館に＿＿＿＿＿＿＿＿＿＿＿＿＿＿＿＿＿＿＿＿＿＿＿＿＿＿に行く。

（2）友達の家に＿＿＿＿＿＿＿＿＿＿＿＿＿＿＿＿＿＿＿＿＿＿＿に行く。

（3）＿＿＿＿＿＿＿＿＿＿＿＿＿＿＿＿＿＿＿＿＿＿＿＿＿＿＿＿＿＿＿＿＿＿

3. すると（順接）
＜接続詞＞①「その次に」と同じ意味で、前の文の次に起こるできごとを言う。
②「そうしたら」と同じ意味で、前の文から考えられる結論を言う。

（1）空が光った。すると、＿＿＿＿＿＿＿＿＿＿＿＿＿＿＿＿＿＿＿＿＿＿＿

（2）駅員が非常ボタンを押した。すると、＿＿＿＿＿＿＿＿＿＿＿＿＿＿＿＿

（3）＿＿＿＿＿＿＿＿＿＿＿＿＿＿＿＿＿＿＿＿＿＿＿＿＿＿＿＿＿＿＿＿＿＿

4. 使役

①人に〜せる／させる：「〜しなさい」と命令、強制する。

②相手がしたいと思っていることを許可する。①も②も目下から目上には使わない。

＜使役の作り方＞

| グループ1 |：「う」段を「あ」段に変えて「せる」をつける。例）書く (kaku)→書かせる (kakaseru)

| グループ2 |：「る」をとって「させる」をつける　例）見る→見させる

| グループ3 |：「する」→「させる」、「来る」→「来させる」

辞書形	使役	辞書形	使役
会う		覚える	
書く		食べる	
話す		かたづける	
持つ		続ける	
読む		勉強する	
帰る		持って来る	

（1）母親は子どもに_____

（2）先生は生徒たちに_____

（3）_____

5. | 動詞（　　　　　形）|＋ことにする

「（話し手が自分の意志で）〜することに決める」という意味。

（1）週末、_____ことにする。

（2）来年、_____ことにする。

（3）_____

6. 名詞 ＋（　　　）＋途中（で）
　　　 動詞（辞書形、〜ている） ＋途中（で）

「〜しているところ（で）」と同じ意味を表す。何かをしている間に他のことが起こること
を言う。

（1）＿＿＿＿＿＿＿＿＿＿＿＿＿＿＿＿＿＿＿＿＿＿＿途中で、急に雨が降ってきた。

（2）＿＿＿＿＿＿＿＿＿＿＿＿＿＿＿＿＿＿＿＿＿＿＿途中で、学校の先生に会った。

（3）＿＿＿＿＿＿＿＿＿＿＿＿＿＿＿＿＿＿＿＿＿＿＿＿＿＿＿＿＿＿＿＿＿＿＿

7. 人 が 人 に もの を　あげる
　　　 人 が 人 に もの を　もらう
　　　 人 が 人（私） に もの を　くれる

たかし　　かな
　　　　　（私）

◆絵を見て文を作りましょう。

（1）たかし君は、かなさんに＿＿＿＿＿＿＿＿＿＿＿＿＿＿＿＿＿＿＿＿＿＿＿

（2）たかし君は、私に＿＿＿＿＿＿＿＿＿＿＿＿＿＿＿＿＿＿＿＿＿＿＿＿＿＿

（3）かなさんは、たかし君に＿＿＿＿＿＿＿＿＿＿＿＿＿＿＿＿＿＿＿＿＿＿＿

　　　 人 が 人 に もの を 動詞（　　　　形）＋あげる
　　　 人 が 人 に もの を 動詞（　　　　形）＋もらう
　　　 人 が 人（私） に もの を 動詞（　　　　形）＋くれる

（4）先生は私に＿＿＿＿＿＿＿＿＿＿＿＿＿＿＿＿＿＿＿＿＿＿＿＿＿＿＿＿＿

（5）私は友達に＿＿＿＿＿＿＿＿＿＿＿＿＿＿＿＿＿＿＿＿＿＿＿＿＿＿＿＿＿

（6）私はお母さんに＿＿＿＿＿＿＿＿＿＿＿＿＿＿＿＿＿＿＿＿＿＿＿＿＿＿＿

（7）友達が＿＿＿＿＿＿＿＿＿＿＿＿＿＿＿＿＿＿＿＿＿＿＿＿＿＿＿＿＿＿＿

8. 動詞（　　　　　　形）＋ないで、～する

「～しません。でも（その代わりに）～する」ことを表す。

（1）週末＿＿＿＿＿＿＿＿＿＿＿＿＿＿＿＿＿＿＿＿＿＿＿＿＿ないで、勉強する。

（2）寝ないで、＿＿＿＿＿＿＿＿＿＿＿＿＿＿＿＿＿＿＿＿＿＿＿＿＿＿

（3）＿＿＿＿＿＿＿＿＿＿＿＿＿＿＿＿＿＿＿＿＿＿＿＿＿＿＿＿＿＿＿

9. また（並列）

＜接続詞＞「そして」と同じ意味だが、教科書やニュース、新聞など硬い表現の時に使う。

（1）日本は茶道や着物のように古い文化が有名だ。また、＿＿＿＿＿＿＿＿＿も有名だ。

（2）夏目漱石は英語の先生でもあるし、また、＿＿＿＿＿＿＿＿＿＿＿＿＿＿でもある。

（3）＿＿＿＿＿＿＿＿＿＿＿＿＿＿＿＿＿＿＿＿＿＿＿＿＿＿＿＿＿＿＿

10. 文1＋のに対し、文2。

文1と文2を比べて、反対のことを言う。

　＊文1が「ナ形容詞だ／名詞だ」で終わる時は、「～だ→～な」となる。

（1）春は＿＿＿＿＿＿＿＿＿＿＿＿＿＿＿＿＿＿＿＿＿＿＿のに対し、

　　　秋は＿＿＿＿＿＿＿＿＿＿＿＿＿＿＿＿＿＿＿＿＿＿＿＿＿＿＿＿

（2）日本は＿＿＿＿＿＿＿＿＿＿＿＿＿＿＿＿＿＿＿＿＿＿のに対し、

　　　＿＿＿＿＿＿＿＿＿＿＿＿＿＿＿＿＿＿＿＿＿＿＿＿＿＿＿＿＿＿

（3）＿＿＿＿＿＿＿＿＿＿＿＿＿＿＿＿＿＿＿＿＿＿＿＿＿＿＿＿＿＿＿

11. 文（普通体）＋ようだ（推量）

何かを見て自分で「〜だと思う」と判断する時に使う。

　　＊文が「ナ形容詞だ」で終わる時は、「〜だ→〜な」となり、「名詞だ」で終わる時は、「〜だ
　　　→〜の」となる。

（1）空がくもっている。＿＿＿＿＿＿＿＿＿＿＿＿＿＿＿＿＿ようだ。

（2）電気がついていない。＿＿＿＿＿＿＿＿＿＿＿＿＿＿＿ようだ。

（3）＿＿＿＿＿＿＿＿＿＿＿＿＿＿＿＿＿＿＿＿＿＿＿＿＿＿＿

12. 名詞 ＋につれ、〜

　　動詞（辞書形）＋につれ、〜

後ろの文は、前の 名詞／動詞 が変化するのに合わせて変化することを表す。

（1）＿＿＿＿＿＿＿＿＿＿＿＿＿＿＿＿＿＿＿につれ、学校の数も減っている。

（2）科学技術が発達するにつれ、＿＿＿＿＿＿＿＿＿＿＿＿＿＿

（3）＿＿＿＿＿＿＿＿＿＿＿＿＿＿＿＿＿＿＿＿＿＿＿＿＿＿＿

トピック **5** ｜ 昔話

内容理解

１．本文を読んで、正しい文に○、間違っている文に×を書きなさい。

（１）日本の昔話は本当にあった話です。 　　　　　　　　　　　　　　（　　　）

（２）本文の昔話は「人に親切にすることは大切だ」ということを伝えている。（　　　）

（３）昔話は今の時代の人が作りました。 　　　　　　　　　　　　　　　（　　　）

（４）日本の昔話は大切な教訓を伝えています。 　　　　　　　　　　　　（　　　）

（５）世界には国が違っても似ている話があります。 　　　　　　　　　　（　　　）

２．本文を読んで、次の質問に答えなさい。

（１）日本の昔話はどんな表現で始まりますか。

（２）本文に書かれた昔話の例は、何というタイトルですか。

（３）本文に書かれた昔話の教訓は何ですか。本文の中から説明している部分を探して、抜き出しなさい。

（４）「はじめに」で読んだ「鶴の恩返し」の教訓は何ですか。本文の中からその説明を抜き出しなさい。

（５）西洋の物語と日本の昔話は、どんなところが違いますか。

（6）本文を読んで、下の〔　　　　〕にふさわしい言葉を入れて、日本の昔話についてわかりやすくまとめなさい。

・昔から〔　　　　　　　　　　　〕にまで伝えられてきた。

・〔　　　　　　　　　〕や〔　　　　　　　　　〕が〔　　　　　　　　　〕しない。

・登場人物は特別な〔　　　　　　　　　　　　　　〕がないことが多い。

・日本の登場人物は、〔　　　　　　　　　　　　　　、　　　　　　　　　　、
　　　　　　　　　　　〕などが多い。

・日本の昔話には、伝えたい〔　　　　　　　　　　　　〕がある。

（7）あなたの国に「桃太郎」と似た物語はありますか。もし、似た物語があれば、その物語と日本の「桃太郎」の似ているところ、違うところはどこですか。

（8）あなたは日本の昔話を読んだことがありますか。それはどんな物語ですか。

（9）あなたの国で有名な昔話は何ですか。それはどんな物語ですか。

トピック **5** ｜ 昔話

活動

活動のポイント

- 日本の有名な昔話を調べて、あらすじをまとめる
- 話に合う写真やイラストを探して、パワーポイントに貼り付け、順番に並べる
- スライドに合わせて昔話を読んで発表する
- 昔話の内容と関係のある言葉を確認する

活動①の流れ：あらすじをまとめる・発表

1．物語を決める・調べる
① どの昔話についてまとめるかを決める
② 昔話を読んで、あらすじをまとめる（本やインターネットで調べる）

2．話の内容をまとめる・作文を書く・パワーポイントを準備する
① ＜リサーチシート＞に情報をまとめる
② 構成を考える
③ 作文（下書き）を書く
④ 先生にチェックしてもらう
⑤ もう一度作文を書き直す
⑥ 物語の場面に合う写真やイラストを探して、スライドを作る
⑦ スピーチの練習をする、覚える

3．発表する・評価する
① パワーポイントを使って、スライドに合わせて読む
② 正しい発音で発表する
③ 物語の内容が伝わるように、気持ちを込めて読む
④ 他のクラスや他の先生にも聞いてもらい、発表について質問してもらう
⑤ 聞いている人は評価する

活動②の流れ：発表内容の確認

① 昔話の発表確認プリントで、内容を確認する
　＊生徒が発表した物語に合わせたプリントを教師が用意する。
　＊子ども用の絵本を用意しておいて、クラスで読んでみるのもいい。

| 活動① | あらすじをまとめる・発表 |

◆昔話のあらすじを発表しましょう。

次の昔話の中から一つ選んで、あらすじを簡単にまとめなさい。

＜リサーチシート＞

① おむすびころりん	② かちかち山	③ 竹取物語
④ 浦島太郎	⑤ 花咲かじいさん	⑥ こぶとりじいさん
⑦ 一寸法師	⑧ 笠地蔵	⑨ 雪女	⑩ さるかに合戦

題名	
登場人物	
あらすじ （簡単にまとめる）	

＜物語作文シート＞

　下の文は「昔話」のあらすじをまとめるための基本的な作文の構成です。作文を書くことが苦手な人は、必要な情報を調べて、下線部に言葉を入れなさい。その後、作文用紙に全部書き写しましょう。自分で作文が書ける人は、調べた内容を自分でまとめて、作文を書いてもいいです。

物語作文サンプルフォーム

はじめ	むかしむかし　あるところに、＿＿＿＿＿＿＿＿＿＿＿＿＿が　いました。 　　　　　　　　　　　　　　　　　　　　（登場人物）
なか	＿＿＿＿＿＿＿＿＿＿は、＿＿＿＿＿＿＿＿＿＿＿＿ました。 　　（登場人物）　　　　　　　　　　　（したこと） すると、＿＿＿＿＿＿＿ました。＿＿＿＿＿＿＿は、 　　　　　　（したこと）　　　　　　　　（登場人物） ＿＿＿＿＿＿＿＿＿＿ました。＿＿＿＿＿＿＿と、 　　　　（したこと）　　　　　　　　　　（登場人物） ＿＿＿＿＿＿＿＿＿＿ました。＿＿＿＿＿＿＿は 　　　　（したこと）　　　　　　　　　　（登場人物） ＿＿＿＿＿＿＿ました。ある日、＿＿＿＿＿＿こと 　　　（したこと）　　　　　　　　　（これからすること） にしました。＿＿＿＿＿＿ました。そして、＿＿＿＿＿＿ 　　　　　（したこと）　　　　　　　　　　（したこと） ＿＿＿＿＿＿＿＿＿＿＿ました。
おわり	それから＿＿＿＿＿＿＿＿は＿＿＿＿＿＿＿＿＿＿ 　　　　　（登場人物）　　　　　　（物語の結末） ＿＿＿＿＿＿＿＿＿＿＿＿＿ました。

　1．作文の提出日は、＿＿＿＿＿月＿＿＿＿日（　　　）です。
　2．昔話の発表日は、＿＿＿＿＿月＿＿＿＿日（　　　）です。
　　今回の発表ではパワーポイントを使って、昔話の発表をします。絵や写真をスライドに入れて、それに合わせて気持ちをこめて昔話を読みます。たくさん読む練習しましょう。

おすすめの文法・表現例

●物語を説明する

・〜は〜ました　　　　　・すると〜ました　　　　　・ある日〜ました

・そして〜ました　　　　・それから〜ました

物語作文例
〜物語のあらすじをまとめる〜

はじめ	むかしむかしあるところに、おじいさんとおばあさんがいました。
なか	おじいさんは、山へ木を切りに行きました。おばあさんは、川に洗濯しに行きました。すると、川に大きな桃が流れてきました。おばあさんは、それを家に持って帰りました。桃を半分に切ると、中から元気な男の子が生まれました。男の子は大きくなっておじいさんとおばあさんの手伝いをたくさんしました。ある日、男の子は鬼ヶ島の鬼が人々を困らせていると聞き、鬼を退治しに行くことにしました。鬼ヶ島へ行く途中、犬、猿、きじに出会いました。男の子はおばあさんからもらったきびだんごをあげて、家来にしました。そして、男の子は動物たちと力を合わせて鬼ヶ島の鬼を退治して、鬼が持っていた宝物をもらって、家に帰りました。
おわり	男の子はおじいさんとおばあさんと幸せに暮らしました。

＊本文で紹介した昔話と同じです。

活動② 発表内容の確認

◆発表をよく聞いて質問に答えましょう。

1．次の絵は、昔話に出てくるものです。絵に合う言葉を下から選んでください。
　難しい漢字はひらがなで答えてもいいです。

| だんご | お椀 | はたおりき | こづち | ざる |
| 丸太 | うす | お屋敷 | 薪 | おむすび |

① (　　　　)　② (　　　　)　③ (　　　　)

④ (　　　　)　⑤ (　　　　)　⑥ (　　　　)　⑦ (　　　　)

⑧ (　　　　)　⑨ (　　　　)　⑩ (　　　　)

2．次の質問に答えなさい。（次の質問は生徒が発表をした昔話に関する質問例です。実際の発表で使われた言葉や内容をもとにまとめの質問を作ってください）

（1）うさぎが仕返しをした動物は何ですか。

（2）うさぎが仕返しをした動物は何でできた船に乗りましたか。

（3）娘の姿になって恩返しをした動物は何ですか。

（4）おじいさんは、何をねずみの穴の中に落としましたか。

（5）おじいさんは地蔵が雨や雪でぬれないように傘をかぶせてあげました。この日は1年の中で何という日でしたか。

（6）一寸法師は、どうやって都に行きましたか。

（7）一寸法師は、どんな願い事をしましたか。

（8）月から来た姫の名前は何ですか。

（9）おじいさんは鬼に何を預けましたか。（おじいさんにとっては、いらないものです。）

（10）浦島太郎は子どもたちから何の動物を助けましたか。

トピック 6

地球を知る

太陽系の惑星、大陸、地球の地域の名前を学びます。昔の人は地球が平らで、地球の周りをいろいろな惑星が回っていたと思っていました。しかし今では多くの学者たちの発見・発明のおかげで、地球についていろいろなことがわかってきました。皆さんも何か新しい発見、発明をしてみましょう。

トピック **6** ｜ 地球を知る

はじめに

◆次の質問に答えましょう。

1．地球は今から何年前に誕生しましたか。

（a）3万年前　（b）200万年前　（c）6500万年前　（d）46億年前

2．次の惑星のうち、太陽に最も近いのはどれですか。

（a）土星　（b）金星　（c）地球　（d）水星

3．右の図を見てください。男の人が使っている道具は何ですか。

4．17世紀にこの道具を使って月を観察し、月の凹凸を発見した人はだれですか。

（a）ガリレオ・ガリレイ
（b）クリストファー・コロンブス
（c）フランシスコ・ザビエル

5．現在私たちが学校で学ぶ知識は、過去の人々が発見したり、発明したりしてわかったできごとです。次の人々は何の発明に関係がありますか。線で結びましょう。

（1）カール・ベンツ　　　　　　　　　・　　・（a）電話
（2）トーマス・エジソン　　　　　　　・　　・（b）飛行機
（3）アレクサンダー・グラハム・ベル　・　　・（c）蒸気機関車
（4）ライト兄弟　　　　　　　　　　　・　　・（d）ガソリンで動く自動車
（5）ジョージ・スチーブンソン　　　　・　　・（e）電球・蓄音機

6．次のできごとが古い順番になるように、（　　）に1〜6の番号を書きなさい。

（1）（　　）ジョージ・スチーブンソンが蒸気機関車を設計した
（2）（　　）トーマス・エジソンが白熱電球を改良した
（3）（　　）ニュートンが万有引力の法則を見つけた
（4）（　　）レオナルド・ダ・ヴィンチがヘリコプターや戦車などの設計図を書いた
（5）（　　）グラハム・ベルが電話機を発明した
（6）（　　）ヴィルヘルム・レントゲンがX線を発見した

トピック **6** 地球を知る

リスニング

◆本文を聞きましょう。本文を見ないで、質問に答えましょう。

<前半>

1．16世紀に地球が太陽の周りを回っていると初めて言った人はだれですか。

2．何の発明のおかげで、天体観測ができるようになりましたか。

3．地球は何番目に太陽に近いですか。

4．地球に生物がいるのは、地球に何がたくさんあるからですか。

<後半>

5．地球上には大陸がいくつありますか。

6．地球の表面を陸地と海に分けると、何対何でどちらが大きいですか。

　　陸地：海＝　　：

7．北半球と南半球では何が逆になりますか。

＊音声は https://www.3anet.co.jp/np/books/3934/ で聞いてください。

トピック **6** 地球を知る

本文

<前半>

　地球は太陽系の惑星の一つです。今では地球は丸く、太陽の周りを回っていると考えられていますが、16世紀までは地球が天体の中心で他の惑星が地球の周りを回っていると信じられていました。16世紀にコペルニクスは初めて地動説を発表しましたが、すぐに理解されませんでした。その後、1609年にガリレオ・ガリレイは初めて望遠鏡を使って天体観測をして、3つの大きな発見をしました。1つ目は月の表面が凸凹していること、2つ目は天の川はたくさんの星が集まってできていること、3つ目は木星の周りを衛星が4つ回っていることです。彼の発見は人々を驚かせました。コペルニクスに続き、ガリレオ・ガリレイも地球が太陽の周りを回っていると言いましたが、やはりみんなに理解してもらえませんでした。でもその後もさまざまな発見があり、今日では地動説の考えが広まりました。このような過去からの発見のおかげで、今では地球が公転していること、自転していることも一般的に知られるようになりました。

　地球は太陽から三番目に近い惑星です。太陽に近すぎると水は蒸発します。太陽から遠すぎると、太陽の光が届かないので寒くて生物は生きられません。地球は太陽からの距離がちょうどよかったので、表面に水が多く存在し、多様な生物が生存しています。太陽系の惑星で人間が存在しているのは、地球だけだと考えられています。下の図は、太陽系の惑星です。

太陽系の惑星の名前を日本語で書いてみましょう。

太陽→ ［①　　　　　　　］→［②　　　　　　　］→［③　　　　　　　］→

［④　　　　　　　］→［⑤　　　　　　　］→［⑥　　　　　　　］→

［⑦　　　　　　　］→［⑧　　　　　　　］

＜後半＞

　地球は30％が陸地、70％が海です。地球が誕生して46億年ですが、その間に大陸は大きく変化しました。現在、地球上には6つの大陸があります。ユーラシア大陸、北アメリカ大陸、南アメリカ大陸、オーストラリア大陸、南極大陸、アフリカ大陸です。それぞれ形も違いますし、気候や自然環境も違います。日本が夏なら、オーストラリアは冬というように、北半球と南半球の季節は反対になります。

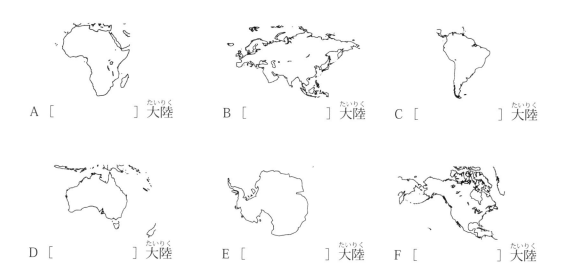

A ［　　　　　　　］大陸　　B ［　　　　　　　］大陸　　C ［　　　　　　　］大陸

D ［　　　　　　　］大陸　　E ［　　　　　　　］大陸　　F ［　　　　　　　］大陸

また、地球上の地域を地理的に6つの州に分けることもあります。アジア、ヨーロッパ、アフリカ、北アメリカ、南アメリカ、オセアニアです。州の名前で表す時は地形だけでなく、周りの小さな島々も含めて、人々の文化や生活についても考えて分けています。

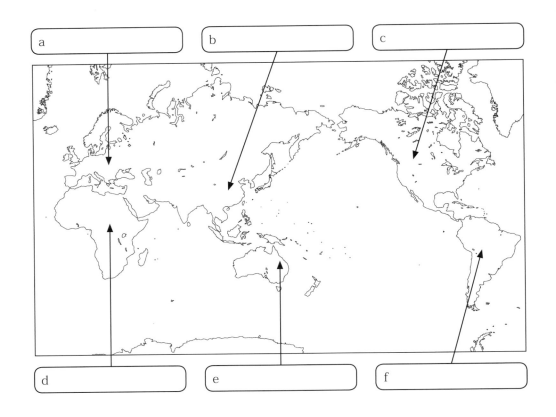

　地形や気候は、文化や経済にも影響を与えています。地理を学ぶことで、世界の人々の生活や文化も学ぶことができます。地球にはまだまだ知らないことがたくさんあります。これから世界についてたくさん勉強して知識を増やしましょう。コペルニクスやガリレオ・ガリレイのように新しい発見ができるかもしれません。

トピック **6** ｜ 地球を知る

言葉リスト

◆次の言葉の読み方を書きなさい。わからない言葉の意味を調べましょう。

言葉	読み方	意味
地球		
太陽系		
惑星		
丸い		
太陽		
周り		
回る		
天体		
中心		
信じる		
地動説		
望遠鏡		
天体観測		
発見		
表面		
凸凹		
天の川		
星		
木星		
衛星		
驚く		
さまざまな		

117

過去		
公転する		
自転する		
蒸発する		
光		
届く		
生物		
距離		
ちょうどいい		
存在する		
多様な		
生存する		
陸地		
誕生する		
46 億年		
大陸		
変化する		
気候		
自然		
環境		
北半球		
南半球		
季節		
反対		
地理		

州		
分ける		
地形		
島		
文化		
生活		
経済		
影響		
与える		
学ぶ		
世界		
知識		
増やす		

トピック **6** ｜ 地球を知る

漢字言葉学習

１．次の漢字の読み方を書きなさい。

（１）地球　　（　　　　　　　　）　　（２）惑星　　（　　　　　　　　）

（３）天体　　（　　　　　　　　）　　（４）地動説　（　　　　　　　　）

（５）大陸　　（　　　　　　　　）　　（６）望遠鏡　（　　　　　　　　）

（７）発見　　（　　　　　　　　）　　（８）政治　　（　　　　　　　　）

（９）経済　　（　　　　　　　　）　　（10）気候　　（　　　　　　　　）

（11）地理　　（　　　　　　　　）　　（12）生活　　（　　　　　　　　）

（13）多様な　（　　　　　　　　）　　（14）中心　　（　　　　　　　　）

（15）驚く　　（　　　　　　　　）　　（16）自然　　（　　　　　　　　）

（17）環境　　（　　　　　　　　）　　（18）太陽系　（　　　　　　　　）

（19）存在　　（　　　　　　　　）　　（20）距離　　（　　　　　　　　）

２．次は何の言葉を説明していますか。本文の中から見つけなさい。

（１）新しいものを見つけること　　　　　　　　　　（　　　　　　　　）

（２）「たくさんの、いろいろな」という意味　　　　（　　　　　　　　）

（３）水などの液体が気体になること　　　　　　　　（　　　　　　　　）

（４）天体などの遠くを見るための道具　　　　　　　（　　　　　　　　）

（５）オーストラリアやニュージーランドを含む州　　（　　　　　　　　）

トピック **6** ｜ 地球を知る

文法学習

1. 文（普通体）＋と考えられている

「一般的にみんなが〜と思っている」ことを言う。

（1）地球が誕生したのは_____と考えられている。

（2）太陽系には_____と考えられている。

（3）_____

2. 動詞（　　　　形）＋すぎる
　　イ形容詞（い→　　）＋すぎる
　　ナ形容詞（な→　　）＋すぎる

ちょうどいいレベルを超えることを表す。

（1）東京の物価は_____すぎます。

（2）_____すぎると、疲れますよ。

（3）_____

3. 文（普通体）＋のは

「文」全体を名詞にするために文を普通体に変えて「の」をつける。

（1）_____のは、だれですか。

（2）_____のは、とても大変なことです。

（3）_____

4. 名詞 ＋なら

   イ形容詞 ＋なら

   ナ形容詞（な→×）＋なら

   動詞（普通体 ふつうたい）＋なら

「た形」＋なら　　　　　　　「辞書形」＋なら

「過去 かこ」　「今」　「未来 みらい」

「〜の時は」という条件 じょうけん・仮定 かていを言う。

　＊「今」を中心にして、「今」より前に起こったことは 動詞のた形 、「今」より後にすることは 動詞の辞書形 を使う。

　例）君が行くなら私 わたしも行くよ。

　　　財布 さいふを忘 わすれたなら、何も買えないよ。

（1）雨なら、＿＿＿＿＿＿＿＿＿＿＿＿＿＿＿＿＿＿＿＿＿＿＿＿＿＿＿＿＿

（2）＿＿＿＿＿＿＿＿＿＿＿＿＿＿＿＿＿＿なら、早く家に帰って寝 ねた方がいいですよ。

（3）＿＿＿＿＿＿＿＿＿＿＿＿＿＿＿＿＿なら、早く警察 けいさつに連絡 れんらくした方がいいよ。

（4）説明会 せつめいかいに＿＿＿＿＿＿＿＿＿＿＿＿＿＿＿＿なら、申し込 こみが必要 ひつようです。

（5）＿＿＿＿＿＿＿＿＿＿＿＿＿＿＿＿＿＿＿＿＿＿＿＿＿＿＿＿＿＿＿＿＿

5. 名詞1 だけでなく 名詞2 も

「 名詞1 も 名詞2 も」と似た意味だが、 名詞2 の方を強調する。

（1）子どもだけでなく＿＿＿＿＿＿＿＿＿＿＿＿＿も＿＿＿＿＿＿＿＿＿＿＿＿＿＿

（2）＿＿＿＿＿＿＿＿＿＿＿だけでなく＿＿＿＿＿＿＿＿＿＿も最新 さいしんのスマホを持っている。

（3）＿＿＿＿＿＿＿＿＿＿＿＿＿＿＿＿＿＿＿＿＿＿＿＿＿＿＿＿＿＿＿＿＿＿＿

6. 動詞1 （　　　　　形）＋ことで、 動詞2 （　　　　　形）＋ことができる

「 動詞1 （方法 ほうほう）をしたら、 動詞2 〜ができる、〜になる（結果 けっか）」という原因 げんいんと結果 けっかを表す。

（1）＿＿＿＿＿＿＿＿＿＿＿＿＿＿＿＿＿＿ことで、夢 ゆめを実現 じつげんさせることができます。

（2）たくさん練習することで、＿＿＿＿＿＿＿＿＿＿＿＿＿＿＿＿＿＿＿＿＿＿＿

（3）＿＿＿＿＿＿＿＿＿＿＿＿＿＿＿＿＿＿＿＿＿＿＿＿＿＿＿＿＿＿＿＿＿＿＿

7. 動詞（　　　　　　形）＋ましょう

「みんなで一緒に〜しよう」と誘う表現。

（1）もうすぐ文化祭だから、＿＿＿＿＿＿＿＿＿＿＿＿＿＿＿＿＿＿ましょう。

（2）休みの間にたくさん＿＿＿＿＿＿＿＿＿＿＿＿＿＿＿＿＿＿＿＿ましょう。

（3）＿＿＿＿＿＿＿＿＿＿＿＿＿＿＿＿＿＿＿＿＿＿＿＿＿＿＿＿＿＿

8. 文（普通体）＋かもしれない

これから先のことを考えて、「（可能性は少ないけど）〜だろう」と予測すること。

（1）急いだら、＿＿＿＿＿＿＿＿＿＿＿＿＿＿＿＿＿＿＿＿＿＿＿＿＿

（2）このままだと＿＿＿＿＿＿＿＿＿＿＿＿＿＿＿＿＿＿＿かもしれない。

（3）＿＿＿＿＿＿＿＿＿＿＿＿＿＿＿＿＿＿＿＿＿＿＿＿＿＿＿＿＿＿

トピック **6** │ 地球を知る

内容理解

1．本文を読んで、正しい文に〇、間違っている文に×を書きなさい。

（1）現在、太陽は地球の周りを回っていると考えられています。 （   ）

（2）ガリレオ・ガリレイが望遠鏡を発明しました。 （   ）

（3）ガリレオ・ガリレイは地動説を初めて発表しました。 （   ）

（4）太陽系のすべての惑星に水があります。 （   ）

（5）地球は水よりも陸地の方が大きいです。 （   ）

（6）同じ時期に、北半球と南半球の季節は反対になります。 （   ）

2．本文を読んで、次の質問に答えなさい。

（1）16世紀まではどんな考えが信じられていましたか。

（2）コペルニクスは何をした人ですか。

（3）ガリレオ・ガリレイは、何を発見した人ですか。箇条書きで書きましょう。

（4）次の文は地球の「公転」と「自転」のどちらに関係がありますか。
　　　①地球が地軸を中心に回る
　　　②季節が変わる
　　　③1日かけて回る
　　　④1年かけて回る
　　　⑤太陽の周りを回る
　　　⑥昼と夜ができる

（５）本文の①～⑧に太陽系の惑星の名前を書きましょう。

（６）本文のＡ～Ｆに大陸の名前を書きましょう。

（７）本文のａ～ｆで示された地域を含む州の名前を書きましょう。

（８）次の下線に言葉を入れて、本文の内容についてまとめてください。

地球は太陽系にある①＿＿＿＿＿＿＿＿＿で、太陽に②＿＿＿＿＿＿番目に近いです。

今から③＿＿＿＿＿＿年前に誕生しました。表面に④＿＿＿＿＿＿が多く存在するので、

たくさんの⑤＿＿＿＿＿が誕生しました。⑥＿＿＿＿＿つの大陸があり、地理的に６つの

⑦＿＿＿＿＿に分けることができます。⑧＿＿＿＿＿を学ぶことで、その地域の人々

の⑨＿＿＿＿＿や⑩＿＿＿＿＿について知ることができます。

（９）あなたが、今の時代で大きな発明、発見だと思うことは何ですか。

（10）あなたが、これから10年後の社会で発明されているだろうと思うものは何ですか。

トピック **6** 地球を知る

活動

活動のポイント

・今ある身近な商品をわかりやすく説明する
・説明された商品が何かを考える
・将来どんなものが発明されたら便利かを考える
・新しい発明品があればどんなことができるかを考える
・考えた商品は現在すでにある商品とどんなところが違うかを説明する

活動①の流れ：商品紹介

① 今ある商品の特長をまとめる
② 商品の特長をわかりやすく説明する
③ 聞いている人は説明された商品が何かを考えて、当てる

活動②の流れ：発明品発表

1．発明品を決める・特長をまとめる

　① これから発明されたらいいと思う発明品を考える
　② 自分の考えた発明品の特長をわかりやすくまとめる
　③ 発明品の絵を描いて発表する

2．情報をまとめる・作文を書く・ポスターを作る

　① <発明品紹介作文シート>に情報をまとめる
　② 構成を考える
　③ 作文（下書き）を書く
　④ 先生にチェックしてもらう
　⑤ もう一度作文を書き直す
　⑥ スピーチの練習をする、覚える
　⑦ ポスターを作る

　＊みんなによく見えるように、マジックを使って大きな字で書きましょう。
　＊マジックの色を工夫して、写真なども貼って、見やすいポスターを作りましょう。

< B4 ポスター例 >

発明品の名前
・発明品の特長をまとめる

発明品の絵

3．発表する・評価する

① 発明家になったつもりで、発明品の説明をする
　　＊白衣を着ると博士の雰囲気が出るのでおすすめです。

② 聞いている人は発表した人に質問をする

③ 聞いている人は、発表を評価する
　　＊クラスで発明品について紹介し、どの発明品がユニークで私たちの生活のために必要かという点から一番いい発明品を投票で決める。
　　＊発表者は博士になったつもりで、質問に答える。

| 活動① | 商品紹介 |

　昔の人のアイデアが今日の私たちの生活に生かされています。レオナルド・ダ・ヴィンチは今から500年ほど前に、計算機やヘリコプターの原理をすでに考えていました。昔の人の発明のおかげで、私たちは今便利な生活を送ることができています。そして、私たちも新しい発明をしています。現在私たちが毎日使っているコンピューターやスマートフォン、電子書籍は実はこの10年から20年の間に生まれたものです。私たちの生活の中では日々新しいものが発明されています。

◆次の文は、何の商品について説明していますか。

【A】

　1970年代に開発されました。車についています。行きたい場所の名前を入れると、今いる場所から行きたい場所への地図を見せてくれます。とても便利な機械です。

【B】

　1940年代にアメリカで発明されました。今では多くの国に広まって、一家に一台あります。冷めたご飯やおかずを温めてくれます。忙しい家族にとっては、なくてはならない機械です。

◆みなさんも身の回りの便利な商品や機械について調べて、説明を書きましょう。説明が書けたら、クラスで発表します。聞いている人は、何についての説明か当てましょう！

【C】

【D】

| 活動② | 発明品発表 |

これまでたくさんの商品が発明されてきました。そして、これからもたくさんの新しい商品が発明されるでしょう。50年後、世界にはどんな商品が生まれていると思いますか。博士(はかせ)になったつもりでいろいろなアイデアを出して、あなたが考えた発明品を紹介(しょうかい)してください。

◆発明品の特長(とくちょう)を表にまとめましょう。

＜発明品紹介(しょうかい)シート＞

発明品の名前	
発明品の特長(とくちょう)	何で作られていますか 何ができますか
現在(げんざい)すでに売られている商品とどんなところが違(ちが)いますか	

◆画用紙に発明品を書く

画用紙（Ｂ４サイズの紙）に発明品の絵を書いて、何でできているのか、どんな仕組みで動くのか、どんなことができるのかについて説明(せつめい)してください。

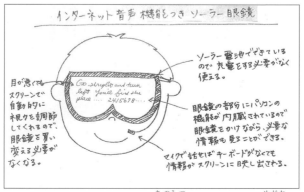

例）インターネット音声(おんせい)機能(きのう)付(つ)きのソーラー眼鏡(めがね)

<発明品紹介作文シート>

　下の文は「発明品紹介」についてまとめるための基本的な作文の構成です。発明家になったつもりで発明品を紹介しましょう。作文を書くことが苦手な人は、下線部に必要な説明を入れて、作文用紙に全部書き写しましょう。自分で作文が書ける人は、調べた内容を自分でまとめて、作文を書いてもいいです。

発明品紹介文サンプルフォーム

はじめ	私は＿＿＿＿＿＿＿＿＿＿＿＿＿＿＿＿＿＿＿を発明しました。 　　　　　　　　（発明品の名前） この商品が実用化されれば、私たちの生活はとても便利になります。では、今からこの発明品の特長を紹介したいと思います。
なか	私の発明した商品はおもに３つの役割があります。まず＿＿＿＿＿＿、そして、 　　　　　　　　　　　　　　　　　　　　　　　　　　（役割①） ＿＿＿＿＿＿＿＿、最後には＿＿＿＿＿＿＿です。この発明品の一つ目 　（役割②）　　　　　　　　　（役割③） の特長は、＿＿＿＿＿＿＿＿＿＿＿＿＿＿＿＿ということです。 　　　　　　　　（特長①の説明） 今ある商品は＿＿＿＿＿＿＿＿＿＿＿＿＿＿＿＿＿。 　　　　　　　　（今の商品でできないこと） でも、私の発明品は＿＿＿＿＿＿＿＿＿＿＿＿＿ことができます。 　　　　　　　　　（発明品ならできること） 　二つ目の特長は、＿＿＿＿＿＿＿＿＿＿＿＿＿＿点です。 　　　　　　　　　　（特長②の説明） ＿＿＿＿＿＿＿が、この発明品なら＿＿＿＿＿＿＿＿。 （今の商品でできないこと）　　　　　　（発明品ならできること）
おわり	この商品はまだ試作段階なので、これから実用化へ向けて＿＿＿＿＿ 　　　　　　　　　　　　　　　　　　　　　　　　（改善したいこと） ＿＿＿＿と思います。以上です。発明品について何かご質問はありますか。

１．発明品の紹介文を作文用紙に 400 字くらいでまとめましょう。
　　作文の提出日は、＿＿＿＿月＿＿＿＿日（＿＿＿）です。
２．ポスターに発明品の絵を描いて、発表の練習をしてください。
　　発表は＿＿＿＿月＿＿＿＿日（＿＿＿）です。

おすすめの文法・表現例

●紹介する
・〜について紹介したいと思います
●商品の特長を説明する
・おもに〜つの特長があります ・一つ目の特長は〜ことです
・二つ目の特長は〜点です ・現在の商品は〜ですが、私の発明品は〜ができます
●理由・意見をまとめる
・〜ので、〜と思います

発明品紹介文例
～商品を紹介する～

はじめ	私は「インターネット音声機能付きのソーラー眼鏡」を発明しました。この商品が実用化されれば、私たちの生活は今よりもとても便利になります。では、今からこの発明品の特長を紹介したいと思います。
なか	私の発明品はおもに３つの役割があります。まず電話、そしてインターネット、最後に眼鏡です。この発明品の一つ目の特長は、ソーラー電池で動くので、充電をする必要がないということです。携帯電話やスマートフォン、タブレットは充電をしなければ使えません。でも、私の発明品は充電をする必要がないので、災害の時でも電話をしたり、インターネットで調べたり、テレビを見たりすることができます。二つ目の特長は、自動で視力を調節してくれる点です。目が悪くなると、眼鏡を買い替えなければいけませんが、この眼鏡は自動で視力に合わせて調節してくれるので、買い換える必要がありません。 　いろいろな機能が一つになっているので、とても便利です。またエネルギーも使わないので、環境にもいいと思います。
おわり	この商品はまだ試作段階なので、これから実用化へ向けて軽くして、使いやすくしたいと思います。以上です。発明品について何かご質問はありますか。

トピック 7

絶滅動物
―シーラカンス―

世界の生き物の種類や数は減ってきていると言われています。絶滅の危機にある動物たちのことを知り、環境問題に目を向けましょう。環境を守るために私たちに何ができるかを考えて、生活を振り返ってみましょう。

トピック **7** ｜ 絶滅動物―シーラカンス―

はじめに

◆次の質問に答えましょう。

1．恐竜は今から何年前に絶滅したと思いますか。

（a）5万年前　　（b）350万年前　　（c）6500万年前

2．人類の祖先のアウストラロピテクスは今から何年前に生きていたと考えられますか。

（a）7万年〜10万年前　　（b）50万年〜100万年前　　（c）200万年〜400万年前

3．アウストラロピテクスは地球のどの地域で生活をしていたと考えられていますか。

（a）南アメリカ　　（b）アフリカ　　（c）アジア　　（d）ヨーロッパ

4．2017年のIUCN（国際自然保護連合）によると、絶滅の危機にある野生生物が最も多いのは次のどの地域ですか。

（a）エクアドル　　（b）アメリカ合衆国　　（c）中国　　（d）インドネシア

5．2019年の環境省のレッドリストによると、次の選択肢のなかで、日本で最も絶滅の危機にある動物の種類が多いのはどれですか。

（a）両生類　　（b）爬虫類　　（c）哺乳類　　（d）鳥類　　（e）魚類

6．IUCN（国際自然保護連合）のレッドリストに示されている絶滅の危機に直面している野生生物はおよそ何種類ですか。

（a）300種　　（b）5000種　　（c）1万8000種　　（d）2万5000種

7．生物はどのように進化してきましたか。次の種類を進化の順番に並べなさい。

（a）爬虫類　　（b）鳥類　　（c）両生類　　（d）哺乳類　　（e）魚類

46億年前	5億3千年前	3億7千年前	3億2千年前	2億年前	1億5千年前
地球　誕生	誕生	誕生	誕生	誕生	誕生

8．あなたの国で絶滅しそうな動物はいますか。動物の数はなぜ減ってきていると思いますか。話し合いましょう。

トピック **7** ｜絶滅動物—シーラカンス—

リスニング

◆本文を聞きましょう。本文を見ないで、質問に答えましょう。

1．本文に出てくる生物を選びなさい。

（a）
（b）
（c）
（d）
（e）
（f）

2．本文に出てくる生物の名前は何ですか。

3．その生物は今から何年前に誕生しましたか。

4．その生物は、1938年にどこで見つかりましたか。

5．その生物は、これまでに何匹見つかりましたか。

＊音声は https://www.3anet.co.jp/np/books/3934/ で聞いてください。

トピック **7** 絶滅動物―シーラカンス―

本文

　シーラカンスは今から4億年くらい前の古生代という時代に現れた魚で、数千万年前に絶滅したと考えられていました。ですから、シーラカンスは化石でしか見ることができませんでした。岩のような固いうろこと、連なったひれをしている様子が化石に残っています。でも、1938年、南アフリカで、漁船が水揚げした魚の中に偶然シーラカンスが見つかりました。体長1.4メートル、体重58キログラムでした。この発見は歴史に残る大発見でした。

　シーラカンスはすでに絶滅したと考えられていたのに、どうして生息していたのでしょうか。その理由は、シーラカンスが住んでいた場所に関係があります。シーラカンスは海の深いところに住んでいました。そのため敵が少なくて、環境の変化による大きな影響を受けませんでした。絶滅する動物が多い中、シーラカンスが生き残ったのは、そういう理由なのではないかと考えられています。

　学者はもちろん世界の人々もシーラカンスが生きていたことに驚きました。シーラカンスは大昔と同じままの姿で生きていたので、「生きた化石」と言われています。しかし、シーラカンスが生きていたと言っても、その数は多くありません。これまでに南アフリカやマダガスカル、インドネシアの限られた場所でおよそ200匹ほどしか見つかっていません。

　シーラカンスが昔と変わらない姿で生きていたことは、生命の力強さと不思議さを伝えてくれています。一度絶滅した生物を生き返らせることはできません。シーラカンスのような貴重な生物がこれからも生き続けられるように、私たちは生物にとって住みやすい環境を守らなければなりません。

　日本の水族館の中には、シーラカンスの標本が見られるところがあります。深海は地上の環境と異なり、水の温度が低く、水圧が高いです。そのためなかなか水族館でもシーラカンスの生きている姿を見ることはできません。さまざまな技術が発展した今日でも、シーラカンスについてわからないことがまだたくさんあります。シーラカンスのように深海に住む生物のなぞがわかれば、生命のなぞ、地球のなぞを知ることができるかもしれません。

トピック 7 ｜ 絶滅動物―シーラカンス―

言葉リスト

◆次の言葉の読み方を書きなさい。わからない言葉の意味を調べましょう。

言葉	読み方	意味
古生代		
現れる		
絶滅する		
化石		
岩		
固い		
うろこ		
連なる		
ひれ		
残る		
漁船		
偶然		
体長		
体重		
発見		
歴史		
生息する		
理由		
場所		
関係		
深い		
敵		

環境		
変化		
影響		
学者		
驚く		
大昔		
姿		
限る		
生命		
力強さ		
不思議		
生き返る		
貴重な		
生物		
生き続ける		
守る		
水族館		
標本		
深海		
異なる		
温度		
水圧		
技術		
発展する		
なぞ		

トピック **7** ｜絶滅動物—シーラカンス—

漢字言葉学習

1．次の漢字の読み方を書きなさい。

（1）歴史　　（　　　　　　　）　　（2）4億年　　（　　　　　　　）

（3）絶滅　　（　　　　　　　）　　（4）生息　　（　　　　　　　）

（5）技術　　（　　　　　　　）　　（6）残る　　（　　　　　　　）

（7）生命　　（　　　　　　　）　　（8）環境　　（　　　　　　　）

（9）変化　　（　　　　　　　）　　（10）影響　　（　　　　　　　）

（11）関係　　（　　　　　　　）　　（12）学者　　（　　　　　　　）

（13）驚く　　（　　　　　　　）　　（14）発展　　（　　　　　　　）

（15）生物　　（　　　　　　　）　　（16）化石　　（　　　　　　　）

（17）理由　　（　　　　　　　）　　（18）守る　　（　　　　　　　）

（19）発見　　（　　　　　　　）　　（20）姿　　（　　　　　　　）

2．次は何の言葉を説明していますか。本文の中から見つけなさい。

（1）ある種類の動物がすべて死んでいなくなること　　　　　　（　　　　　　　）

（2）昔の葉や生き物の姿が石などに残っているもの　　　　　　（　　　　　　　）

（3）動物がある場所に住んで生活をしている　　　　　　　　　（　　　　　　　）

（4）主に魚の体の表面をおおっている固いもの　　　　　　　　（　　　　　　　）

（5）約束や予想していないことが起こること　　　　　　　　　（　　　　　　　）

トピック **7** │ 絶滅動物—シーラカンス—

文法学習

1. 名詞・数詞・副詞 しか～ない

量や程度、範囲が少ないという気持ちを表す。必ず「～ない」と一緒に使う。

（1）財布の中に＿＿＿＿＿＿＿＿＿＿＿＿＿＿＿＿＿＿＿＿＿＿＿＿

（2）がんばったけど、＿＿＿＿＿＿＿＿＿＿＿＿＿＿＿＿＿＿＿＿＿

（3）＿＿＿＿＿＿＿＿＿＿＿＿＿＿＿＿＿＿＿＿＿＿＿＿＿＿＿＿＿

2. 疑問詞＋ 文（普通体） ＋のでしょうか

日常生活ではあまり使わない。テレビの番組や話し合いなどフォーマルな場面で、相手に質問を投げかける時に使う。

　＊文が「ナ形容詞だ／名詞だ」で終わる時は、「～だ→～な」となる。

（1）どうして魚は水の中で＿＿＿＿＿＿＿＿＿＿＿＿＿＿のでしょうか。

（2）日本人はいつから＿＿＿＿＿＿＿＿＿＿＿＿＿＿＿＿のでしょうか。

（3）＿＿＿＿＿＿＿＿＿＿＿＿＿＿＿＿＿＿＿＿＿＿＿＿＿＿＿＿＿

3. そのため（理由）

＜接続詞＞前の文は理由、後ろの文は結果や対策を表す。

（1）日本へ来る外国人旅行者が増えた。

　　　そのため、＿＿＿＿＿＿＿＿＿＿＿＿＿＿＿＿＿＿＿＿＿＿＿＿

（2）＿＿＿＿＿＿＿＿＿＿＿＿＿＿＿＿＿＿＿＿＿＿＿＿＿＿＿＿＿

　　　そのため、スマートフォンで何でもできるようになった。

4. 文（普通体）＋のではないか

「～だろう」よりもはっきりと理由がわからなくて、うたがったり、疑問に思ったりする表現。

　　＊文が「ナ形容詞だ／名詞だ」で終わる時は、「～だ→～な」となる。

（1）最近食欲がない。＿＿＿＿＿＿＿＿＿＿＿＿＿＿＿＿＿＿のではないか。

（2）彼は本当は＿＿＿＿＿＿＿＿＿＿＿＿＿＿＿＿＿＿のではないか。

（3）＿＿＿＿＿＿＿＿＿＿＿＿＿＿＿＿＿＿＿＿＿＿＿＿＿＿

5. 名詞1 はもちろん 名詞2 も

「 名詞1 も 名詞2 も」 名詞1 は当たり前のことを言い、 名詞2 を強調する。

（1）日本はもちろん中国も＿＿＿＿＿＿＿＿＿＿＿＿＿＿＿＿＿

（2）＿＿＿＿＿＿＿＿＿はもちろん＿＿＿＿＿＿＿＿＿も海外旅行へ行く。

（3）＿＿＿＿＿＿＿＿＿＿＿＿＿＿＿＿＿＿＿＿＿＿＿＿＿＿

6. 名詞 ＋（　　　）＋まま
　　 イ形容詞 ＋まま
　　 ナ形容詞 （　　　）＋まま
　　 動詞 （　　　　　形）＋まま

「～の状態が続いている」ことを表す。

（1）李さんは＿＿＿＿＿＿＿＿＿＿＿＿＿＿＿＿まま、どこかに行ってしまった。

（2）昔の絵が＿＿＿＿＿＿＿＿＿＿＿＿＿＿＿＿まま残されている。

（3）＿＿＿＿＿＿＿＿＿＿＿＿＿＿＿＿＿＿＿＿＿＿＿＿＿＿

7. 文（普通体）**＋と言っても**

「一般に〜だけれど。」後ろの文では前の文から考えられることと反対のことを言う。

（1）スマホは便利だと言っても、_____

（2）_____と言っても、なかなか覚えられない。

（3）_____

8. 動詞（　　　　形）**＋やすい**

「〜するのが簡単だ」という意味。

（1）このくつは_____やすいです。

（2）_____やすいパソコンが人気です。

（3）_____

トピック **7** ｜絶滅動物―シーラカンス―

内容理解

1．本文を読んで、正しい文に○、間違っている文に×を書きなさい。
（1）南アフリカで見つかったシーラカンスは4億年生き続けています。（　　）
（2）シーラカンスの化石は1938年に見つかりました。（　　）
（3）シーラカンスは日本の海にも生息しています。（　　）
（4）日本の水族館でも生きたシーラカンスを見ることができます。（　　）
（5）1938年以降シーラカンスは見つかっていません。（　　）
（6）シーラカンスの姿は昔も今も同じです。（　　）
（7）シーラカンスの発見に人々は驚きました。（　　）
（8）シーラカンスは海の底にたくさん生きていることがわかりました。（　　）
（9）シーラカンスは、科学の力で生き返らせることができます。（　　）
（10）シーラカンスについてたくさんなぞが残っています。（　　）

2．本文を読んで、次の質問に答えなさい。
（1）見つかったシーラカンスについて、本文の情報をまとめてください。

生物の種類	（○をつけてください） 哺乳類　爬虫類　両生類　鳥類　魚類
体の特徴	体長　　　　m　　体重　　　　kg
1938年に見つかった場所	
生き残った理由	＿＿＿＿＿＿＿＿＿＿＿＿＿＿＿＿に関係がある ⬇ ＿＿＿＿＿＿＿＿＿＿＿＿＿＿＿＿に住んでいた ⬇ ・＿＿＿＿＿＿＿＿＿＿＿＿＿＿＿ ・＿＿＿＿＿＿＿＿＿＿＿＿＿＿＿
これまでに見つかった数	

（2）下の白地図に矢印を含む地域の名前を書きなさい。これまでにシーラカンスが見つかった場所に赤色で印（○）をつけなさい。

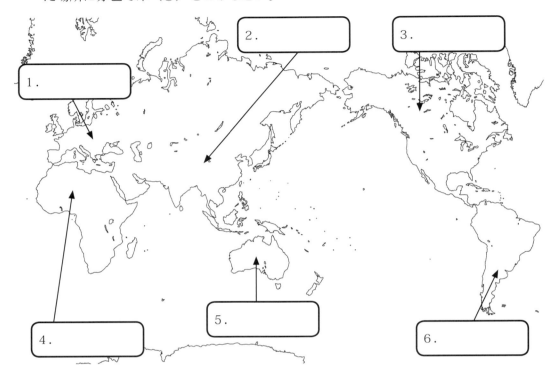

（3）シーラカンスはなぜ「生きた化石」と呼ばれていますか。

（4）シーラカンスは、なぜ水族館で生きることができませんか。

（5）私たちは生物が生き続けるために何をしなければならないと作者は言っていますか。

（6）あなたは、（5）を実現させるために私たちにどんなことができると思いますか。あなたの考えを書いてください。

（7）インターネットを使って、絶滅の危機にある動物を調べましょう。どんな動物が絶滅の危機にありますか。次のそれぞれの地域について、絶滅の危機にある動物の名前を3〜5匹（頭）表に書きなさい。

1. ヨーロッパ	
2. アフリカ	
3. アジア	
4. オセアニア	
5. 北アメリカ	
6. 南アメリカ	

（8）あなたの国に絶滅しそうな動物はいますか。どんな動物ですか。なぜ絶滅しそうですか。

（9）いろいろな地域の絶滅しそうな動物を調べて、何か気づいたことはありますか。

トピック **7** ｜ 絶滅動物—シーラカンス—

活動

> **活動のポイント**

- 絶滅しそうな動物について調べる
- 調べた情報をもとにポスターを作る
- ポスターを活用して発表する
- 発表した内容に関連したクイズのポスターを作って廊下に貼る
- クイズに答えてもらい、正解者をポスターで紹介する

> **活動①の流れ：リサーチ・発表**

1. テーマを決める・調べる

    ① 何について調べるかを決める
    ② 下記の点について情報を集める・調べる（本やインターネットで調べる）

    ・住んでいるところ（生息地）
    ・体の大きさ（体長、体重）
    ・体の特徴（体の色や模様など）
    ・分類（哺乳類、鳥類、爬虫類、両生類、魚類のどの種類か）
    ・今生きている数（現存数）　・絶滅しそうな理由
    ・その他に気づいたこと（保護するための方法など）

2. 情報をまとめる・作文を書く

    ① ＜リサーチシート＞に情報をまとめる
    ② 構成を考える
    ③ 作文（下書き）を書く
    ④ 先生にチェックしてもらう
    ⑤ もう一度作文を書き直す
    ⑥ スピーチの練習をする
    ⑦ ポスターを作る

    ＜ポスター例＞

動物の名前	
・分類：	・生息地：
・体の大きさ：	・体の特徴：
・現存数：	・食べ物：
・絶滅しそうな理由：	

    ＊みんなによく見えるように、ポスターは大きな字でマジックを使って書きましょう。
    ＊マジックの色を工夫して、写真なども貼って、見やすいポスターを作りましょう。

3. ポスター発表する・評価する

    ① ポスターをクラスの前に貼って、発表する
    ② 聞いている人は発表した人に質問をする
    ③ 聞いている人は評価表を使って発表を評価する

活動②の流れ：クイズポスター作成

① みんなの発表に関係のあるクイズのポスターを作り、廊下に貼り、応募箱を置く

② 先生や日本人の生徒にも参加してもらい、答えをクイズシートに書いて応募箱に入れてもらう

③ 1〜2週間ほどポスターを掲示してクイズに答えてもらう

④ クイズシートを集めて答えをチェックする

⑤ 正解の多い人の名前を発表して、景品を渡す

活動① リサーチ・発表

◆絶滅しそうな動物について調べて、まとめましょう。

＜リサーチシート＞

①絶滅しそうな動物の 　名前	
②分類・生息地・現存 　数（種類、どこに住 　んでいますか。何匹 　いますか。）	
③体の特徴 　（体の大きさ、色や 　模様など）	
④食べ物	
⑤絶滅しそうな理由	
⑥その他の情報 　（どうやって守って 　いますか）	

＜動物リサーチ作文シート＞

　下の文は「絶滅しそうな動物」についてまとめるための基本的な作文の構成です。作文を書くことが苦手な人は、必要な情報を調べて、下線部に言葉を入れなさい。その後、作文用紙に全部書き写しましょう。自分で作文が書ける人は、調べた内容を自分でまとめて、作文を書いてもいいです。

動物リサーチ作文サンプルフォーム

はじめ	私は、＿＿＿＿＿＿＿＿＿＿＿について調べました。それでは、今から調べた 　　　　　　（動物の名前） 内容について、話したいと思います。
なか	まず、＿＿＿＿＿＿＿の生活について話します。＿＿＿＿＿＿＿＿＿＿は、 　　　　（動物の名前）　　　　　　　　　　　　　（動物の名前） ＿＿＿＿＿＿＿＿に住んでいます。おもに、＿＿＿＿＿＿＿を食べています。 　　　（生息地）　　　　　　　　　　　　　（食べ物） ＿＿＿＿＿＿＿＿＿は、＿＿＿＿＿＿＿＿で＿＿＿＿＿＿＿＿＿＿ 　　（動物の名前）　　　　　　（色や模様）　　　（どんな形に似ている？） のような姿をしています。 　　次に、＿＿＿＿＿＿＿＿の数について話します。＿＿＿＿＿＿＿＿＿は、 　　　　　（動物の名前）　　　　　　　　　　　　（動物の名前） 昔は＿＿＿＿＿＿匹（頭）くらいいましたが、今は＿＿＿＿＿＿匹（頭） 　　（昔の数）　　　　　　　　　　　　　（今の数） くらいになってしまいました。その理由として、＿＿＿＿＿＿＿＿＿＿＿や 　　　　　　　　　　　　　　　　　　　　（絶滅しそうな理由①） ＿＿＿＿＿＿＿＿＿＿＿＿＿などが考えられます。そのほか、 （絶滅しそうな理由②） ＿＿＿＿＿＿＿＿＿＿＿＿＿ということもわかりました。 （絶滅しそうな理由③）
おわり	最後に、私はこのリサーチをして、＿＿＿＿＿＿＿＿＿＿＿＿＿ 　　　　　　　　　　　　　　　　　（あなたが気づいたこと） ということがわかりました。そして、＿＿＿＿＿＿＿＿＿と思いました。 　　　　　　　　　　　　　　　　（あなたの感想） 　以上です。今日は、＿＿＿＿＿＿＿について話しました。ありがとうござい 　　　　　　　　（動物の名前） ました。

....
　１．作文の提出日は、＿＿＿＿月＿＿＿＿日（＿＿＿）です。
　２．発表する日は、＿＿＿＿月＿＿＿＿日（＿＿＿）です。
....

149

おすすめの文法・表現例

●調べた内容を報告する
・〜について調べました　　　・〜について話したいと思います
●状況を説明する
・〜が原因で〜　　　・まず／次に／そして／最後に　　　・その理由として
●例を言う
・おもに　　・例えば　　　・〜などがあります　　　・〜などが考えられます
●内容・意見をまとめる
・〜ことがわかりました　　　・〜と思いました

動物リサーチ作文例
〜情報をまとめる〜

はじめ	私はイリオモテヤマネコについて調べました。それでは、今から調べた内容について話したいと思います。
なか	まず、イリオモテヤマネコの生活について話したいと思います。イリオモテヤマネコは、沖縄県の西表島に住んでいます。イリオモテヤマネコは、国の天然記念物として登録されています。おもに、小鳥や水鳥、トカゲ、カエル、ネズミなどの小動物を食べています。イリオモテヤマネコは、亜熱帯性の原生林の岩穴や洞窟に住んでいます。夕方から活動する夜行性の動物です。体重は3キロから5キロくらいで、体長は50センチメートルから60センチメートルです。一般的な猫に似ています。 　次に、イリオモテヤマネコの数について話します。イリオモテヤマネコは、昔は数百匹くらいいましたが、今では100匹くらいになってしまいました。その理由として、森林の中にしかけられたわなにかかって死んでしまったこと、住む場所が開発されてなくなってしまったことが考えられます。
おわり	最後に、このリサーチをして、イリオモテヤマネコは天然記念物で保護しなければいけないにもかかわらず、数が減っていることがわかりました。そして、その理由は人間がしかけたわなや環境を開発したことだと知って、とても残念に思いました。人間はもっと動物を大切にしなければいけないと思います。 　以上です。今日はイリオモテヤマネコについて話しました。ありがとうございました。

7

活動② クイズポスター作成

1．あなたが発表した内容に関するクイズを作りましょう。

質問	答え

2．クイズをポスターに書いて（複数の生徒の場合はクイズをいくつか選んで、ポスターを作って）、教室や廊下の掲示板に貼ります。クイズの解答シートを用意し、日本人クラスメートや先生に参加してもらい、答えを書いて応募箱に入れてもらいましょう。

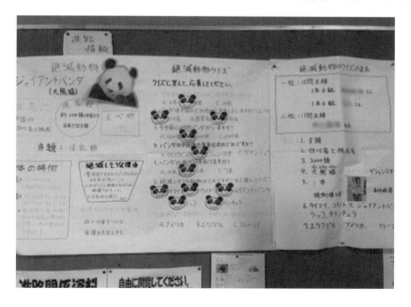

3．正解の多い人をポスターに書いて発表します。（景品などをあげるといいでしょう）

トピック 8

野口英世(のぐちひでよ)と医学の進歩

歴史的(れきしてき)に有名な日本人として、日本のお札(さつ)に描(えが)かれている野口英世(のぐちひでよ)の伝記(でんき)を読みます。野口英世(のぐちひでよ)はどんな人生を歩んで、世界にどんな貢献(こうけん)をしたのでしょうか。そして、各国(かっこく)のお金に描(えが)かれている人物はどんなことをしたのかを調べて発表しましょう。

トピック **8** ｜野口英世と医学の進歩

はじめに

◆次の質問に答えましょう。

1．次の記号はお金の記号です。どこの国のお金で、なんというお金の単位ですか。

お金の記号	国・地域	単位
（1） €		
（2） $		
（3） ฿		
（4） ₩		
（5） ¥		
（6） ₸		
（7） ₫		
（8） ₱		
（9） ₹		
（10） £		

2．次の人はだれですか。この人たちの名前と仕事を知っていますか。

（1）  （2）  （3）

3．あなたの国のお金にはどんな人物や建物が描かれていますか。

トピック **8** 　野口英世と医学の進歩

リスニング

◆本文を聞きましょう。本文を見ないで、質問に答えましょう。

1．この人はどこで生まれましたか。

2．この人は、小さい時どこにけがをしましたか。

3．この人は大人になって、何になりましたか。

4．この人はどこの国に留学しましたか。

5．この人は何のために南米に行きましたか。

6．この人は何歳の時に、どこで亡くなりましたか。

＊音声は https://www.3anet.co.jp/np/books/3934/ で聞いてください。

トピック **8** ｜ 野口英世と医学の進歩

本文

　この人を知っていますか。この人は、明治から昭和の時代に生きた医者で、名前を野口英世と言います。

　1876年11月9日に福島県で生まれました。しかし1歳半の時、左手に大きなやけどをして、指がくっついてしまいました。そのせいで農作業ができなくて、いじめられたこともありました。でも、一生懸命勉強して、優秀な成績をとりました。

　あきらめずに努力をする姿を見て、学校の先生や同級生たちは、彼を助けたいと思いました。そして、彼のためにみんなでお金を集めました。そのおかげで、彼は手術を受けることができ、左手が使えるようになりました。①そのことに感謝し、彼は病気で苦しんでいる人を助けたいと思い、医者をめざしました。彼はお金がなくて、たいへん苦労しましたが、貧しいながらも、掃除や雑用の仕事をして、熱心に勉強しました。そして周りの人の期待にこたえて、医師免許を取ることができ、医学者となりました。

　1900年、24歳の時にアメリカに留学し、研究しました。その後、南米のエクアドルへ行き、そこで黄熱病のワクチンの研究をしました。開発したワクチンで、当時南米で流行していた病気はおさまりましたが、後に②これは黄熱病とは別の病気だったことがわかりました。1927年、黄熱病が流行していたアフリカに渡り、再び黄熱病のワクチンの研究をしました。しかし、残念ながら研究の途中で彼自身も黄熱病にかかり、ガーナで51歳の時に亡くなりました。

　野口英世はノーベル賞に3度ノミネートされましたが、受賞はできませんでした。しかし、彼の功績は今でも伝えられ、スペイン、デンマーク、スウェーデン、フランスなどで賞を受けています。彼がいなければ、今の医学の発展はなかったかもしれません。

　野口英世に限らず、社会や世界のために貢献した人は国籍や分野を問わず多くいます。それぞれの国で活躍した人たちの功績を伝え残すために、各国のお金に活躍した人たちが描かれています。

トピック 8 ｜ 野口英世と医学の進歩

言葉リスト

◆次の言葉と読み方を書きなさい。わからない言葉の意味を調べましょう。

言葉	読み方	意味
明治		
昭和		
やけど		
くっつく		
農作業		
いじめる		
一生懸命		
優秀な		
成績		
あきらめる		
努力		
同級生		
助ける		
手術		
感謝する		
苦しむ		
めざす		
苦労する		
貧しい		
掃除		
雑用		
熱心な		

期待		
免許		
医学者		
留学する		
研究する		
南米		
ワクチン		
開発する		
流行する		
おさまる		
別		
渡る		
残念な		
自身		
亡くなる		
ノーベル賞		
ノミネートする		
受賞		
功績		
発展		
貢献する		
国籍		
分野		
活躍する		
描く		

トピック **8** │ 野口英世と医学の進歩

漢字言葉学習

１．次の漢字の読み方を書きなさい。

（１）医者 （ ） （２）指 （ ）

（３）貧しい （ ） （４）優秀 （ ）

（５）一生懸命 （ ） （６）努力 （ ）

（７）手術 （ ） （８）苦しむ （ ）

（９）苦労 （ ） （10）病気 （ ）

（11）研究 （ ） （12）留学 （ ）

（13）成績 （ ） （14）残念 （ ）

（15）集める （ ） （16）期待 （ ）

（17）発展 （ ） （18）流行 （ ）

（19）助ける （ ） （20）南米 （ ）

２．次は何の言葉を説明していますか。本文の中から見つけなさい。

（１）熱いものにさわってするけが （ ）

（２）目標に向かって進む （ ）

（３）病気などがはやっていること （ ）

（４）ある分野でがんばって注目される （ ）

（５）苦しくて大変な状況の中で何かをがんばってする （ ）

トピック **8** │ 野口英世と医学の進歩

文法学習

1. 動詞（た形）＋せいで

名詞 ＋の＋せいで

「～が原因で」という意味。前の文で理由を言い、後ろの文で悪い結果になったことを言う。

（1）寝不足のせいで、_____

（2）_____せいで、試験に間に合わなかった。

（3）_____

2. 動詞（　　　　　　形）＋ず（に）

「～しないで（～する）」という意味。「する」の時は「せ＋ず（に）」になる。

（1）彼は朝起きると、_____ずに、出かけてしまった。

（2）_____ずに、李さんはいい成績をとった。

（3）_____

3. 名詞 ＋の＋おかげで

文（普通体）＋おかげで

前の部分では 名詞 への感謝の気持ちや「～したから」という理由を言い、後ろの文でいい結果になったことを言う。

　　＊文が「ナ形容詞だ」で終わる時は、「～だ→～な／である」となり、「名詞だ」で終わる時は、

　　「～だ→～である」となり、書き言葉で使われることが多い。

（1）たくさん練習したおかげで、_____

（2）_____おかげで、これまでがんばってこられました。

（3）_____

4. 名詞 ＋ながら（も）

　　イ形容詞 ＋ながら（も）

　　ナ形容詞（な→×） ＋ながら（も）

　　動詞（　　　　　　　　形） ＋ながら（も）

「～（だ）けれど」と似た意味。前の内容は事実だと認めているが、後ろの文では、前の文から考えられることと反対のことを言う。

（1）彼は学生ながらも、_____

（2）_____ながらも、すばらしい結果を残した。

（3）_____

💡 「ながら（同時）」と「ながら（も）（逆接）」の違い

「ながら」という表現は、2つの意味があります。意味の違いを詳しく見ていきましょう。

◇動詞（ます形）＋ながら（同時）：2つの動作が同じ時、期間に起こっていることを表す。ただし、瞬間動詞につなげることはできない。

例）働きながら、大学で勉強する。○

　　電気が消えながら、映画が始まった。×

◇動詞（ます形）＋ながら（も）（逆接）：「～だけれど」という意味を表す。動詞以外にも名詞、イ形容詞・ナ形容詞にもつく。

例）彼は足にけがをしながら（も）、ゴールまで走った。○

8

5. 名詞 ＋にこたえて

「（期待、要望など）に合うように」という意味。

（1）親の期待にこたえて、_____

（2）_____にこたえて、優勝した。

（3）_____

161

6. 名詞（人）＋がいなければ：「（人）がいなかったら」という仮定を表す。

名詞（もの）＋がなければ：「（もの）がなかったら」という仮定を表す。

（1）仲間がいなければ、＿＿＿＿＿＿＿＿＿＿＿＿＿＿＿＿＿＿＿＿＿

（2）＿＿＿＿＿＿＿＿＿＿＿＿＿＿＿＿＿がなければ、不便な生活になるだろう。

（3）＿＿＿＿＿＿＿＿＿＿＿＿＿＿＿＿＿＿＿＿＿＿＿＿＿＿＿＿＿＿＿

7. 名詞＋に限らず

「名詞だけでなく」の意味で、限定しないで、他にも例があることを表す。

（1）日本に限らず＿＿＿＿＿＿＿＿＿＿＿＿＿＿＿＿＿＿＿＿＿＿＿＿＿

（2）＿＿＿＿＿＿＿＿＿＿＿＿に限らずたくさんの人がテレビゲームにはまっている。

（3）＿＿＿＿＿＿＿＿＿＿＿＿＿＿＿＿＿＿＿＿＿＿＿＿＿＿＿＿＿＿＿

8. 名詞＋を問わず

「～に関係なくだれでも、何でも」という意味を表す。

（1）年齢を問わず、だれでも＿＿＿＿＿＿＿＿＿＿＿＿＿＿＿＿＿＿＿＿

（2）＿＿＿＿＿＿＿＿＿＿＿を問わず、世界中の人が＿＿＿＿＿＿＿＿＿＿＿

（3）＿＿＿＿＿＿＿＿＿＿＿＿＿＿＿＿＿＿＿＿＿＿＿＿＿＿＿＿＿＿＿

トピック **8** ｜ 野口英世と医学の進歩

内容理解

1．本文を読んで、正しい文に○、間違っている文に×を書きなさい。
（1）この人は、農作業をしていて手にけがをしました。　　　　　　　　（　　）
（2）この人は自分で働いてお金をためて手術をしました。　　　　　　　（　　）
（3）この人は、黄熱病のワクチンを開発しました。　　　　　　　　　　（　　）
（4）この人はアフリカで亡くなりました。　　　　　　　　　　　　　　（　　）
（5）この人はノーベル賞を取ることができませんでした。　　　　　　　（　　）

2．本文を読んで、次の質問に答えなさい。
（1）あなたはこの人を知っていますか。この人の名前は何ですか。
　　　この人は日本のお金に描かれています。いくらのお金ですか。

（2）この人の仕事は何ですか。

（3）この人はどんな子ども時代を送りましたか。

（4）本文の下線部①「そのこと」の内容は何ですか。

（5）この人はなぜその仕事（（2）の仕事）をしたいと思いましたか。

（6）この人はなぜエクアドルやアフリカへ行きましたか。

（7）本文の下線部②「これ」の内容は何ですか。

（8）この人が開発したワクチンは、アフリカで流行していた黄熱病には効きませんでした。
なぜですか。

（9）この人は何歳の時に、どこで、なぜ亡くなりましたか。

（10）どんな人がお金に描かれていますか。

（11）この人が「日本を代表する医者」だと言われている理由は何だと思いますか。
具体的に説明しなさい。

（12）あなたはこの人の伝記を読んで、どう思いましたか。

_____

_____

_____

_____

_____

_____

_____

_____

トピック **8** ｜ 野口英世と医学の進歩

活動

活動のポイント

・世界のお金について単位や価値について調べて比べる
・世界のお金に描かれている人や建物について調べる
・調べた情報をもとに、ポスターを作る
・ブース型の発表で、聞きに来た人に説明して、質問に答える

活動①の流れ：リサーチ

① 世界のお金についてどこの国のお金か、その単位を調べる
② 示されたお金の額は、日本円でいくらになるか、インターネットで調べる

活動②の流れ：リサーチ・ポスター発表

1. テーマを決める・調べる

① どこの国のお金について調べるかを決める
② お金に描かれている人物・建物について本やインターネットで情報を集める、調べる
  ・お金に描かれている人物の家族・誕生日・生まれた場所・亡くなった年齢など
  ・お金に描かれている人物の仕事、功績
  ・お金に描かれている建物ができた都市、場所
  ・その人・場所がお金に描かれている理由
  ・そのお金の単位、日本円に換算した時の値段
  ・その他に気づいたこと

2. 情報をまとめる・作文を書く

① ＜リサーチシート＞に情報をまとめる
② 構成を考える
③ 作文（下書き）を書く
④ 先生にチェックしてもらう
⑤ もう一度作文を書き直す
⑥ スピーチの練習をする、覚える
⑦ ポスターを作る
  ＊みんながよく見えるように、ポスターは大きな字でマジックを使って書きましょう。
  ＊マジックの色を工夫して、写真なども貼って、見やすいポスターを作りましょう。

＜ポスター例＞

お金の人物・建物の名前
・お金に描かれた人の名前：
・その国のお金の単位：
・日本円に換算した時の値段：
・誕生日：　・場所：
・家族：　　・仕事：
・功績（何をしたか？）：
・お金に描かれた理由：

3. ポスター発表する・評価する

① 今回の発表は、教室にブースを作って、ポスターを貼って、聞きに来た人たちに説明する
② 発表は1回だけでなく、発表時間内に繰り返し何度も発表する
③ 聞いている人から質問があったら、答える
④ 聞く人はいろいろなブースを回って、発表を聞く
⑤ 教師は評価表を使って評価する
  ＊発表に関するクイズシートを作っておくと、集中して発表を聞いてもらえる。

活動① リサーチ

1．次のお金はどこの国のお金ですか。国とお金の単位を調べましょう。

世界のお金	どこの国？	単位（下の数字に単位を書く）	左のお金は日本円でいくらか調べましょう
		100＿＿＿＿＿＿	
		100＿＿＿＿＿＿	
		1＿＿＿＿＿＿	
		100＿＿＿＿＿＿	
		100000＿＿＿＿＿	

2．あなたの国のお金には、どんな人や建物、ものが描かれていますか。

活動② リサーチ・ポスター発表

◆世界にはたくさんお金の種類があります。調べてクラスメートに紹介しましょう。

＜リサーチシート＞

調べる国のお金	
単位	
日本円での換算	
どんな人物や建物が描かれていますか	
描かれている人物や建物について調べましょう	①誕生日
	②生まれたところ
	③子どものころのできごと
	④有名なできごとなど
	⑤仕事・功績

＜世界の国のお金リサーチ作文シート＞

　下の文は「世界のお金の人物」についてまとめるための基本的な作文の構成です。作文を書くことが苦手な人は、必要な情報を調べて、下線部に言葉を入れなさい。その後、作文用紙に全部書き写しましょう。自分で作文が書ける人は、調べた内容を自分でまとめて、作文を書いてもいいです。

世界の国のお金の人物リサーチ作文サンプルフォーム

はじめ	私は、＿＿＿＿＿＿＿＿＿＿＿＿について調べました。それでは、今から調 　　　　　（お金に描かれた人・建物の名前） べた内容について、話したいと思います。
なか	まず、＿＿＿＿＿＿＿＿について話します。＿＿＿＿＿＿＿＿＿＿は、 　　　　　（お金に描かれた人）　　　　　　　　　　　（お金に描かれた人） ＿＿＿＿＿＿＿に＿＿＿＿＿＿で生まれました。＿＿＿＿＿＿＿＿＿の 　（年）　　　　　　　（場所）　　　　　　　　　　（人物の名前） 家族は＿＿＿＿＿＿＿＿。＿＿＿＿＿＿＿＿の時代は、＿＿＿＿＿＿＿＿ 　　　　　　　　　　　　（人物の名前）　　　　（その時代の様子） ＿＿＿＿＿＿＿＿という時代でした。そこで＿＿＿＿＿＿＿＿＿＿は、 　　　　　　　　　　　　　　　　　　　　　　（人物の名前） ＿＿＿＿＿＿＿＿＿＿＿＿＿＿＿＿＿＿＿＿＿＿をしました。 　　　　　　（功績）
おわり	私は＿＿＿＿＿＿＿＿について調べて、＿＿＿＿＿＿＿＿＿＿＿＿＿＿ 　　　　（人物の名前）　　　　　　　　　（あなたが気づいたこと） ということがわかりました。そして、＿＿＿＿＿＿＿＿＿＿＿＿＿＿＿＿ 　　　　　　　　　　　　　　　　　　　　（あなたの感想） と思いました。 　以上です。今日は、＿＿＿＿＿＿＿＿について話しました。ありがとうござい 　　　　　　　　　　　（人物の名前） ました。

１．調べたことを作文用紙に 400 字くらいでまとめましょう。
　　作文の提出は＿＿＿＿＿月＿＿＿＿＿日（＿＿＿）です。
２．発表は＿＿＿＿＿月＿＿＿＿＿日（＿＿＿）です。
　　ブースでの発表は何度もして、たくさん発表しましょう。

169

おすすめの文法・表現例

●調べた内容を報告する
・～について調べました　　　・～について話したいと思います
●過去の状況を説明する
・昔／当時～でした／ました　　・そのころ～だったそうです
●内容・意見をまとめる
・～ことがわかりました　　　・～から～のだと思いました

世界の国のお金の人物リサーチ作文例
～情報をまとめる～

はじめ	私は福沢諭吉について調べました。福沢諭吉は、日本の1万円札に描かれている人です。それでは、今から調べた内容について話したいと思います。
なか	福沢諭吉は江戸時代に大阪で生まれました。諭吉は武士の家に生まれ、小さいころから武芸と儒教を父親から学びました。当時、日本は外国との貿易を制限して、中国とオランダとだけ貿易をしていました。19歳の時、諭吉は長崎へ行き、オランダ語と蘭学を学びました。そのころアメリカからペリーが来て、日本は1858年に開国することになりました。23歳の時、諭吉は江戸へ行き、蘭学塾を開きました。そして、西洋の文化を見物するために横浜を訪れた時、諭吉は一生懸命勉強してきたオランダ語がまったく通じなかったので、とても驚いたそうです。そして諭吉は英語の重要性を実感し、独学で英語を勉強しました。その後、アメリカに留学して、アメリカの文化や思想を自分の目で見てきました。 　江戸時代はお金持ちの男子しか学校に行くことができませんでした。しかし、「新しい国を作るためには、人間はみんな平等で、一人一人の国民が自立しなければならない、そして、国民一人ひとりが自立するには、学問でさまざまな知識を身につけることが大切だ」といい、『学問のすすめ』という本を書いて教育の大切さを伝えました。
おわり	福沢諭吉について調べて、彼は日本の教育の基礎を築いた大切な人物だということがわかりました。勉強の大切さだけでなく、教育の平等を広めた人だと思います。だから、日本の1万円札に描かれているのだと思いました。 　以上です。今日は福沢諭吉について話しました。ありがとうございました。

トピック 9

日本料理

日本料理は栄養のバランスが良く、健康にいいと言われて、世界から注目されています。2013年にはユネスコの無形文化遺産に登録されました。日本料理の良さを学び、日本料理を作ってみましょう。

トピック **9** | 日本料理

はじめに

◆次の「食生活・健康チェック表」を読んで、当てはまるものにチェック（✓）をつけましょう。

食生活・健康チェック表（全15問）

□ 寝ている時間が6時間よりも少ない
□ 1日3回ご飯を食べていない
□ お菓子をよく食べる
□ カロリーの高いものをよく食べる
　（高校生の1日の摂取カロリーは女子は2000kcal、男子は2500kcal）
□ 麺類（ラーメン、うどん、パスタなど）をよく食べる
□ インスタント食品・ファストフード・冷凍食品をよく食べる
□ ジュース、清涼飲料水、イオン飲料などをたくさん飲む
□ 食べる量が少ない・ダイエットをしている
□ 肉や揚げ物をよく食べる
□ 野菜をあまり食べない
□ おなかいっぱいになるまで食べる
□ 寝る2時間以内にご飯を食べる
□ 外食が多い
□ 2～3か月以内に5キロ太った
□ あまり運動をしない

✓が0個　　　：あなたはとても健康な生活を送っています。これからもその調子で健康な生活をしてください。

✓が1個～3個：あなたは健康にとても気をつけていますね。油断しないで健康な生活を送ってください。

✓が4個～7個：あなたはあまり健康に気をつけていませんね。今から健康的な食生活を送るように気をつけてください。

✓が8個～10個：あなたは健康に注意が必要です。将来病気になる可能性があるかもしれないので、早めに生活習慣を見直しましょう。

✓が11個～15個：あなたは健康に注意が必要です。生活をもう一度振り返って健康な生活を心がけてください。

トピック **9** ｜ 日本料理

リスニング

◆リスニング用のスクリプトがあります。（p.255）
「日本料理＜リスニング用＞」を聞いて、質問に答えましょう。

＜1回目＞

1．正しい文に○、間違っている文に×を書きましょう。
（1）日本料理は世界ではじめてユネスコの無形文化遺産に登録されました。（　　　）
（2）日本料理が無形文化遺産に選ばれた理由は5つあります。（　　　）
（3）日本料理は体にいいです。（　　　）
（4）日本料理は季節によっていろいろな料理があります。（　　　）
（5）日本料理はそれぞれの行事の時に食べる特別な料理があります。（　　　）

＜2回目＞

2．もう一度聞いて、次の（　　　）に言葉を入れて、文を完成させなさい。

　　2013年、日本料理は（①　　　　　　　）の無形文化遺産に登録されました。これは、（②　　　　　　　）料理、（③　　　　　　　）料理、（④　　　　　　　）料理、（⑤　　　　　　　）料理についで（⑥　　　）番目です。日本料理が無形文化遺産に登録された理由として、次の理由が挙げられます。まず一つめに（⑦　　　　　　　）で（⑧　　　　　　　）な食品の持ち味を大切にしていること、二つめに（⑨　　　　　　　）バランスがよく健康的な食事だということ、三つめに（⑩　　　　　　　）の美しさや（⑪　　　　　　　）の変化を料理を通して表現していること、最後に正月などの（⑫　　　　　　　）と深い関係があることです。このように、日本料理は健康的というだけでなく、料理を通して文化や季節の変化も楽しむことができます。

＊音声は https://www.3anet.co.jp/np/books/3934/ で聞いてください。

トピック **9** ｜ 日本料理

本文

先生 ：みなさん、学校の生活には慣れましたか。

李君 ：はい、少し慣れてきました。学校の勉強は大変ですが、クラブ活動は楽しいです。

キムさん ：私も。日本人のクラスメートは優しくて、いろいろ教えてくれます。日本人の友達もできました。

先生 ：学校の勉強はどうですか。

ビセンテ君：難しいですけど、勉強がわからない時は、先生に聞きます。

キムさん ：テスト前になったら、日本人の友達と一緒に勉強しています。

先生 ：そうですか。よかった。何か困ったことはないですか。

李君 ：僕は温かいご飯が食べたいです。お弁当は冷たいので、苦手です。

ビセンテ君：僕も冷たいご飯は苦手だから食堂で食べているけど、あまりおいしくありません。日本料理はおいしいと聞いていたけど、味も薄いし量も少ないです。

キムさん ：先生、ビセンテ君ったら食べることしか考えていないんですよ。私は日本料理が好きになりました。日本に来て、日本料理を食べるようになって、やせてきました。日本料理は栄養があってカロリーが少ないから、ダイエットにとてもいいと思います。

先生 ：そうですね。日本料理はフランス料理、地中海料理、メキシコ料理、トルコ料理注についで 2013 年にユネスコの無形文化遺産に登録されたんです。

李君 ：へぇ、そうなんですね。日本料理は世界でも人気なんですね。

先生 ：日本料理といえば、みなさんは何を思い浮かべますか。

ビセンテ君：すし、てんぷら、すきやき、お好み焼きなどです。

先生 ：たくさん知っていますね。日本料理が無形文化遺産に登録された理由として、まず多様で新鮮な食品とその持ち味を尊重しているところが挙げられています。都会に住んでいるとわかりにくいかもしれませんが、日本は都会から少し離れると海や山など自然が広がっています。また南北に細長いので、いろいろな種類の食材がたくさんあります。その地域で作られる多様な食材の味

を生かしながら料理をしているんですよ。

ビセンテ君：東北に旅行した時、岩手県で「ひっつみ」という鍋料理を食べました。野菜やきのこ、鶏肉がたくさん入って、おいしかったです。

先生　　　：新鮮な食材がたくさん入っているんですね。次に、栄養バランスに優れた健康的な食事だということが理由に挙げられています。日本料理は基本的に一汁三菜と言われて、1種類のお汁と3種類のおかずをそろえます。栄養のバランスがよくて、肥満防止と長寿につながっているんですよ。

李君　　　：日本は世界でも寿命がとても長い国の一つだと聞いたことがあります。びっくりしました。

先生　　　：そうですね。長生きするためには毎日バランスよく食事をとることが大切なんですね。そして自然の美しさや季節の移り変わりを表現していることも選ばれた理由なんです。日本料理では、料理の食材だけでなく、季節にあった器を使ったり季節の花や葉を飾ったりして季節感を出しています。料理を食べながら自然の美しさを楽しめるようにしているんですね。

ビセンテ君：フィリピンは一年中暑いからいつも同じ料理しかありません。日本では季節ごとに違う料理が食べられるのでおもしろいです。

先生　　　：最後に、日本料理は正月などの年中行事と密接な関わりがあることも選ばれた大切な理由なんですよ。お正月なら「おせち料理」、大晦日なら「そば」というように、年中行事と料理は切っても切れない関係で、日本の文化を深めてきたんですよ。

キムさん　：日本料理の歴史は古いんですね。李君、インスタントラーメンばかり食べないで、いろいろな日本料理を食べた方がいいよ。

李君　　　：そうだね。僕は楽だから、いつもインスタント食品を食べていたけど、これからは季節の食材を使った料理を食べてみようかな。

ビセンテ君：僕は毎日たくさん食べるから、日本料理ならたくさん食べても太らないし、長生きできそうだからいいな。

先生　　　：ファスト・フードやインスタント食品、冷凍食品のように簡単に食べられる

ものが増えてきていますが、ファスト・フードにしてもインスタント食品や冷凍食品にしてもあまり体にはよくないと言われていますね。日本には四季に合わせた料理がたくさんあるので、ぜひ日本の伝統的な料理を食べて、季節と食材の味を楽しんでくださいね。

注：正確には「祭礼料理ケシケキの伝統」

トピック **9** ｜ 日本料理

言葉リスト

◆次の言葉の読み方を書きなさい。わからない言葉の意味を調べましょう。

言葉	読み方	意味
慣れる		
大変な		
優しい		
一緒に		
困る		
温かい		
お弁当		
冷たい		
苦手な		
食堂		
味		
薄い		
量		
やせる	/	
栄養		
カロリー	/	
ダイエット	/	
文化遺産		
登録する		
地中海		
思い浮かべる		
理由		

多様な		
新鮮な		
食品		
持ち味		
尊重する		
挙げる		
都会		
離れる		
自然		
南北		
細長い		
種類		
食材		
地域		
生かす		
東北		
鍋		
野菜		
きのこ		
バランス		
優れた		
健康的		
食事		
基本的		
おかず		

肥満		
防止		
長寿		
寿命		
長生き		
季節		
移り変わり		
表現する		
選ぶ		
器		
飾る		
年中行事		
密接な		
関わり		
大晦日		
歴史		
インスタント食品		
ファスト・フード		
冷凍食品		
伝統的		

トピック **9** | 日本料理

漢字言葉学習

1．次の漢字の読み方を書きなさい。

（1）薄い 　　（　　　　　　　）　　（2）優れた 　　（　　　　　　　）

（3）栄養 　　（　　　　　　　）　　（4）多様 　　（　　　　　　　）

（5）関係 　　（　　　　　　　）　　（6）寿命 　　（　　　　　　　）

（7）慣れる 　　（　　　　　　　）　　（8）自然 　　（　　　　　　　）

（9）季節 　　（　　　　　　　）　　（10）文化遺産 　（　　　　　　　）

（11）年中行事 　（　　　　　　　）　　（12）伝統的 　（　　　　　　　）

（13）食材 　　（　　　　　　　）　　（14）苦手 　　（　　　　　　　）

（15）野菜 　　（　　　　　　　）　　（16）味 　　（　　　　　　　）

（17）飾る 　　（　　　　　　　）　　（18）地域 　　（　　　　　　　）

（19）温かい 　　（　　　　　　　）　　（20）人気 　　（　　　　　　　）

2．次は何の言葉を説明していますか。本文の中から見つけなさい。

（1）野菜などが取ったばかりで新しい様子 　　　　　　　（　　　　　　　）

（2）ユネスコに登録されて、大切に守らなければいけないもの 　（　　　　　　　）

（3）長生きすること 　　　　　　　　　　　　　　　　（　　　　　　　）

（4）いろいろな種類があること 　　　　　　　　　　　（　　　　　　　）

（5）「他よりもいい点がある」「すばらしい」と同じ意味の言葉 　（　　　　　　　）

トピック **9** | 日本料理

文法学習

1. 名詞（人） ＋ったら

「〜について言うと」という意味で、会話で使う。書く時は使わない。
話題として取り上げて話者の感想を言う。女の人がよく使う表現。

（1）＿＿＿＿＿＿＿＿＿＿＿＿＿＿＿＿＿＿＿ったら、勉強しないでいつもいい点を取る。

（2）林君ったら、＿＿＿＿＿＿＿＿＿＿＿＿＿＿＿＿＿＿＿＿＿＿＿＿＿＿＿＿＿＿

（3）＿＿＿＿＿＿＿＿＿＿＿＿＿＿＿＿＿＿＿＿＿＿＿＿＿＿＿＿＿＿＿＿＿＿＿＿

2. 文（普通体） ＋んだ／のだ

前の部分を強調したり説明したりする時に使う。

　　＊文が「ナ形容詞だ／名詞だ」で終わる時は、「〜だ→〜な」となる。

（1）このお店は＿＿＿＿＿＿＿＿＿＿＿＿が一番＿＿＿＿＿＿＿＿＿＿＿＿んです。

（2）A：（紙を見て）何が書いてあるの？

　　　B：＿＿＿＿＿＿＿＿＿＿＿＿＿＿＿＿＿＿＿＿＿＿＿＿＿＿＿＿＿＿＿って。

（3）A：どうしたの？

　　　B：＿＿＿＿＿＿＿＿＿＿＿＿＿＿＿＿＿＿＿＿＿＿＿＿＿＿＿＿＿＿＿＿＿

3. 動詞（　　　　　　　形）＋ようになる（習慣）

「（前はしなかったが今は習慣で）〜する」という意味を表す。

（1）高校生になって自分で＿＿＿＿＿＿＿＿＿＿＿＿＿＿＿＿＿＿＿＿＿＿＿ようになった。

（2）健康のために＿＿＿＿＿＿＿＿＿＿＿＿＿＿＿＿＿＿＿＿＿＿＿＿ようになった。

（3）＿＿＿＿＿＿＿＿＿＿＿＿＿＿＿＿＿＿＿＿＿＿＿＿＿＿＿＿＿＿＿＿＿＿＿

> **「ようになる」の意味の違い**
>
> 「ようになる」は前の動詞の形によって意味が変わります。意味の違いを見ていきましょう。
>
> ◇動詞（可能）＋ようになる：「以前はできなかったことが今はできる」という能力を表す。
>
> 例）（前はできなかったけど）50 メートル泳げるようになった。
>
> ◇動詞（辞書形）＋ようになる：「以前はしなかったことを今はする」という習慣を表す。
>
> 例）（前はしなかったけど）健康のために、毎日駅まで歩くようになった。

4. 主題 は 名詞 に 形容詞

「主題 は 名詞 にとっていい／悪い」と評価を言う。

（1）タバコは＿＿＿＿＿＿＿＿＿＿＿＿＿＿＿＿＿＿＿＿＿＿＿＿＿＿＿＿＿＿＿

（2）バランスのいい食事は＿＿＿＿＿＿＿＿＿＿＿＿＿＿＿＿＿＿＿＿＿＿＿＿＿

（3）＿＿＿＿＿＿＿＿＿＿＿＿＿＿＿＿＿＿＿＿＿＿＿＿＿＿＿＿＿＿＿＿＿＿＿

5. 名詞 ＋について

「名詞＋の次（2番目）に〜」

（1）中国は、アメリカについで＿＿＿＿＿＿＿＿＿＿＿＿＿＿＿＿＿＿＿＿＿＿＿

（2）ドラえもんは、＿＿＿＿＿＿＿＿＿＿＿＿＿＿＿＿＿＿＿＿＿について人気がある。

（3）＿＿＿＿＿＿＿＿＿＿＿＿＿＿＿＿＿＿＿＿＿＿＿＿＿＿＿＿＿＿＿＿＿＿＿

6. 名詞 ＋といえば

「〜について言うと」という意味で、後ろに代表的な例を挙げる。

（1）世界的な歌手といえば、_____

（2）_____といえば、パスタとピザが有名だ。

（3）_____

7. 名詞 ＋として

「（用途、資格、立場、目的）に／で」を表す。

（1）地球温暖化の理由として_____

（2）大雪で休校になった代わりとして、_____

（3）_____

8. 動詞（　　　　　　形）＋にくい

「〜するのが難しい、大変だ」という意味を表す。

（1）この携帯電話は_____にくい。

（2）_____は読みにくい。

（3）_____

9. 動詞（　　　　　　形・可能）＋ようにする

　　　動詞（　　　　　　形）＋ないようにする

①意志動詞（主に他動詞）につくと「〜するように努力する」ことを表す。
②可能や無意志動詞（主に自動詞）につくと「（意志をもって）〜の状態にする」ことを表す。

（1）二度と忘れ物を_____ようにする。

（2）これから自分で_____ようにする。

（3）_____

10. 名詞 ＋ ごと

「それぞれの名詞」「一つ一つの名詞で」という意味。
「季節、国、文化、民族」などいくつか種類がある言葉につく。

（1）国ごとに＿＿＿＿＿＿＿＿＿＿＿＿＿＿＿＿＿＿＿＿＿＿＿＿＿＿＿＿＿

（2）＿＿＿＿＿＿＿＿＿＿＿＿＿＿＿＿＿＿＿＿＿ごとに、ノートを分けます。

（3）＿＿＿＿＿＿＿＿＿＿＿＿＿＿＿＿＿＿＿＿＿＿＿＿＿＿＿＿＿＿＿＿＿＿

11. 動詞（　　　　　　形）＋も＋ 動詞（　　　　　　形）＋（きれ）ない

同じ動詞（似た意味の動詞）を繰り返し使って、強く否定する。決まった表現として使うことが多い。「努力して〜しようとするが結果〜できない」「とても〜したいが〜できない」ことを表す。

（1）政治と経済は＿＿＿＿＿＿＿＿＿も＿＿＿＿＿＿＿＿＿＿ない関係だ。（切る）
　　　※「切る」の場合は、特別決まった表現になります。

（2）先生のおかげで大学に合格しました。
　　　先生には＿＿＿＿＿＿＿＿＿＿も＿＿＿＿＿＿＿＿＿＿＿。（感謝する）

（3）まだやりたいことが一つもできていない。
　　　このままじゃ、＿＿＿＿＿＿＿＿＿も＿＿＿＿＿＿＿＿＿＿＿＿。（死ぬ）

12. 名詞1 ＋にしても 名詞2 ＋にしても

「〜でも〜でも（どちらでも〜）」と例を出し、どちらの場合でも後ろの内容（話し手の意見や判断）が当てはまることを表す。

（1）＿＿＿＿＿＿＿＿＿にしても＿＿＿＿＿＿＿＿＿にしても体にはよくない。

（2）クラブにしてもアルバイトにしても＿＿＿＿＿＿＿＿＿＿＿＿＿＿＿＿＿＿

（3）＿＿＿＿＿＿＿＿＿＿＿＿＿＿＿＿＿＿＿＿＿＿＿＿＿＿＿＿＿＿＿＿＿＿

トピック **9** | 日本料理

内容理解

1．本文を読んで、正しい文に○、間違っている文に×を書きなさい。

（1）日本料理は冷たくておいしくありません。 （　　　）

（2）日本料理は栄養があるのにカロリーが低いです。 （　　　）

（3）日本料理は世界の料理の中で初めて無形文化遺産に登録されました。 （　　　）

（4）日本は自然が少ないのに新鮮な野菜をたくさん使った料理があります。 （　　　）

（5）日本料理は肥満防止や長寿にも効果があります。 （　　　）

（6）日本料理は季節感を楽しむことができます。 （　　　）

（7）インスタント食品や冷凍食品は季節を感じさせてくれます。 （　　　）

（8）「おせち料理」や「そば」は行事と深い関係があります。 （　　　）

2．本文を読んで、次の質問に答えなさい。

（1）ビセンテ君は学校の食堂についてどう思っていますか。

（2）日本料理のほかに無形文化遺産に選ばれているのは、どこの料理ですか。

（3）日本料理が無形文化遺産に選ばれた理由はいくつありますか。

（4）日本料理が無形文化遺産に選ばれた理由を全部まとめなさい。

_____

_____

_____

_____

（5）日本料理はなぜ肥満防止と長寿に効果がありますか。

185

（6）日本料理ではどうやって季節感を表現しますか。

（7）次の年中行事には、どんなものを食べるか知っていますか。

　　　①「年中行事」と②「食べるもの」を下の言葉から選びましょう。

<①年中行事>
大晦日　　お正月　　こどもの日　　節分　　ひな祭り　　中秋の名月
<②食べるもの>
甘酒　　そば　　おせち料理　　かしわもち　　豆　　だんご　　恵方巻き　　ひなあられ

いつ	①年中行事	②食べるもの
1月		
2月		
3月		
5月		
9月		
12月		

（8）あなたの国の平均寿命は何歳ですか。調べましょう。

（9）あなたの国で問題になっている病気や食生活に、どんなものがありますか。

トピック **9** ｜ 日本料理

活動

活動のポイント

・食べ物と栄養の関係について学ぶ
・食べ物とカロリーについて学ぶ
・平均寿命について調べて、健康的な生活について理解を深める
・自分の国の行事と食べ物を紹介する
・恵方巻きのテキスト（ウェブサイトからダウンロード・(8) ページ参照）を読んで、由来を学ぶ
・恵方巻きの作り方を学ぶ
・恵方巻きを実際に自分たちで作って、食べる
・恵方巻きを作って、先生にあげる。その時に恵方巻きについて由来や具材を説明する

活動①の流れ：教科関連学習

① 栄養素と食品例の表をまとめる
② 食品についているラベルを読み取る
③ カロリーについて計算する
④ 平均寿命について調べる

活動②の流れ：恵方巻きを作る

1．サンプルトピックを読んで、節分について学ぶ
　① ウェブサイトからサンプルトピック「節分の歴史」をプリントアウトする
　②「節分の歴史」を読んで、節分について学ぶ
　③ 恵方巻きにどんな具材を入れるのかを学ぶ
　④ 恵方巻きの作り方を学ぶ

2．恵方巻きを作る
　①「恵方巻きの作り方」をよく読んで、作り方を理解する
　② 分担を決めて、恵方巻き（と味噌汁）を作る
　③ 恵方巻きを他の教科の先生にプレゼントする
　　＊恵方巻きの由来や具材について説明できるようにする。

3．評価する
　① 恵方巻きについてわかりやすく説明する
　② 恵方巻きをあげた先生から質問してもらい、正しく答える
　③ 評価表で評価してもらう

187

活動①	教科関連学習

みなさんは日常生活で、食生活について考えたことはありますか。食べ物と健康について考えてみましょう。

1．①〜⑤に「5大栄養素」の名前を書きなさい。またそれぞれにはどんな食品がありますか。次の食品例をそれぞれの栄養素のところに書きなさい。

肉	パン	キャベツ	牛乳	ごはん	じゃがいも	りんご	めん
魚	豆腐	ヨーグルト	みかん	チーズ	卵	バター	トマト
きゅうり	納豆	いちご	わかめ				

栄養素名	主な働き	食品例
①	体をつくる	
②	エネルギーになる	
③	エネルギーになる	
④	体の調子を整える	
⑤	骨や歯などをつくる、体の調子を整える	

2．次のラベルを見て答えましょう。

（1）これは何についているものですか。

（2）この食べ物は何キロカロリーですか。

（3）この食べ物に含まれる食品添加物は何ですか。

黒酢あんかけ弁当

消費期限 2018.12.18 午前4時　　580円（税別）
12.17 午後6時製造
1食あたり熱量 588kcal
たんぱく質 23.7g　脂質 14.1g　炭水化物 91.8g
名称：弁当　遺伝子組み換え食品は使用しておりません
原材料：黒酢あんかけ、豚肉、椎茸、筍、なす、玉ねぎ、にんじん、ひじき煮、れんこん、なす、ピーマン、白ゴマ、調味料（アミノ酸など）ph調整剤　グリシン　酒
酸化防止剤　リン酸塩　甘味料　カラメル色素　酵素

３．必要摂取カロリーを計算するためには、次の計算式を使います。

> 身長（m）×身長（m）× 22 ＝標準体重
> 標準体重 × 25 ～ 30 ＝必要摂取カロリー

（１）あなたの標準体重を計算しなさい。

（２）あなたの必要摂取カロリーを計算しなさい。

４．世界の平均寿命について調べましょう。
（１）現在の日本の男女のそれぞれの平均寿命は何歳ですか。

（２）現在、世界で最も平均寿命が長い国の上位５か国を調べなさい。

１位	４位
２位	５位
３位	

（３）現在、平均寿命が最も短い国はどこですか。

５．あなたの国では、どんな行事の時に、どんな料理を食べますか。その料理にはどんな材料が入っていますか。

行事（季節・月）	料理の名前	材料

活動②	恵方巻きを作る

　節分の時に関西では恵方巻きを食べる習慣があります。節分の歴史と恵方巻きの作り方を学んで、実際に節分に恵方巻きを作って、食べましょう。

　恵方巻きを作る前に、「節分の歴史」について学習し、歴史と食べ方について学ぶとより理解が深まると思います。「節分の歴史」についてはウェブサイトのサンプル教材をご活用ください。 https://www.3anet.co.jp/np/books/3934/

恵方巻き（巻きずし）の作り方

■材料（10本分）

＜寿司飯の準備＞

① 酢飯

米	カップ5	水	カップ5

合わせ酢（ご飯を炊いた後にご飯を冷ましながら混ぜる）

酢	100cc	塩	大さじ1	砂糖	大さじ5

② 焼き海苔

③ 水（海苔を止める時に使う）

＜具材の準備＞（＊以下7種類の具材を挙げていますが、手に入る具材だけで作ってもいいです）

① かんぴょう　　30g（水でもどしておく）

② 干ししいたけ　5枚（水でもどしておく）

③ 高野豆腐　4つ（水でもどして、盛り付ける前に1cm×1cmの大きさで細長く切る）

　　＊干ししいたけと高野豆腐は次の出汁で煮る。

　　出汁の材料

水	2カップ	みりん	大さじ1
顆粒だし	小さじ1	薄口しょうゆ	大さじ2
酒	大さじ1	砂糖	大さじ2

④ だし巻き卵（伊達巻きの代わりに）

卵	4個	砂糖	大さじ1
だし汁	大さじ2	塩	小さじ1/3
酒	大さじ1		

⑤ きゅうり　　2～3本（1本を4～6等分に切る。10本分に合うように切る）

⑥ うなぎ　　1パック（細長く切っておく）

⑦ でんぶ（主に魚肉を加工した桜色の食材）適量

■作り方

1．まきす、具材、ご飯、水を用意します。

2．まきすの上に海苔を置きます。
　　ざらざらの面が表、つるつるの面が裏になるように置きます。

3．海苔の上にご飯をのせます。
　　向こう側は2cmぐらいあけます。

4．ご飯の真ん中に具材を乗せます。海苔の向こう側のあいているところに水をつけます。

5．一気に手前の方から向こう側へくるっと巻きます。

6．まきすは巻き込まないで、海苔だけくるっと巻き込んで、ぎゅっぎゅっと形を整えます。

7．できあがり

下の会話文は先生に恵方巻きについて説明をして渡す時の会話です。クラスで会話の練習をしましょう。必要な情報を覚えて、実際に担任の先生や他の教科の先生に恵方巻きの説明をして、プレゼントしましょう。（日本語の先生は前もって、生徒がどの先生にあげたいかを聞いておき、関係の先生方に声をかけておいて、生徒の様子を評価してもらうといいでしょう。）

おすすめの文法・表現例

●話を切り出す
・失礼します　　　・～について勉強しました
●プレゼントする
・これ、～です　　・どうぞ～てください

恵方巻き会話文例
～説明する～

生徒	：失礼します。○年○組の○○です。○○先生、いらっしゃいますか。
担任の先生	：○○さん、どうしましたか。
生徒	：日本語の授業で、節分について勉強しました。日本では節分の日に、恵方巻きを食べるそうですね。これ、私が作りました。どうぞ召し上がってください。
担任の先生	：ありがとう。上手に作れましたね。中に何が入っていますか。
生徒	：出し巻きとしいたけと、きゅうりとカニカマです。
担任の先生	：材料も○○さんが作ったの？
生徒	：はい、出し巻きは、私が作りました。きゅうりは、△さんが切りました。
担任の先生	：○○さんの国にも節分に似た行事はありますか。
生徒	：いいえ、私の国には節分はありません。節分に鬼に豆を投げるのは、おもしろいです。豆はおいしかったです。
担任の先生	：私も小さい時に豆まきをしました。豆まきはいつから始まったのですか。
生徒	：室町時代に始まりました。
担任の先生	：よく調べましたね。恵方巻き、どうもありがとう。

トピック 10

慣用句(かんようく)

日本語(にほんご)の表現(ひょうげん)について知識(ちしき)を増(ふ)やしましょう。ことわざや慣用句(かんようく)、オノマトペは日常(にちじょう)の生活(せいかつ)だけでなく、小説(しょうせつ)や作文(さくぶん)、小論文(しょうろんぶん)にもよく使(つか)われます。みなさんも使(つか)えるようになると、言葉(ことば)の表現(ひょうげん)が豊(ゆた)かになります。

トピック **10** │ 慣用句

はじめに

◆次の表現 ◯◯◯◯ と意味 ◻◻◻ を線でつなげましょう。

猫の手も借りたい

馬が合う

胸をなでおろす

目には目を
歯には歯を

口をすっぱくして言う

安心する

気が合う

とても忙しい

仕返しをする

何度も繰り返し言う

10

194

トピック **10** ｜ 慣用句

リスニング

◆リスニング用のスクリプトがあります。(p.256)
　「慣用句<リスニング用>」を聞いて、質問に答えましょう。

＜1回目＞

1．正しい文に○、間違っている文に×を書きましょう。

（1）慣用句はある様子を例えた表現です。　　　　　　　　　　　　　（　　　　）

（2）慣用句はいろいろな意味に理解することができます。　　　　　（　　　　）

（3）慣用句は英語にそのまま訳すことができます。　　　　　　　　（　　　　）

（4）「顔が広い」というのは「顔が大きい」という意味です。　　　（　　　　）

（5）「すずめの涙」というのは「とても少ない」という意味です。　（　　　　）

＜2回目＞

2．もう一度聞いて、（　　　　　）に言葉を入れて、文を完成させなさい。

　　　慣用句とは、ある状況や（①　　　　　　　　　）を身近なものに例えて説明する表現で、
人々に長く広く使われてきました。（②　　　　）の一部を使った表現や（③　　　　　　　　）
の名前を使った表現などがあります。例えば、体の一部を使った慣用句の例として「顔
が広い」「鼻が高い」などがあります。「顔が広い」というのは「顔が大きい」という意
味ではなく、「（④　　　　　　　　　）がたくさんいる」という意味です。「鼻が高い」と
いうのは実際に鼻が高いのではなく、「（⑤　　　　　　　　）に思う」という意味を表
します。また動物の名前を使った慣用句の例として「（⑥　　　　　　　　）の手も借りた
い」「すずめの涙」などがあります。前者は「とても忙しい」、後者は「とても少ない」
という意味です。こういった慣用句を他の言語に訳す時は、その慣用句の意味を理解し
て訳すことが必要です。日本語の表現をそのまま英語に訳して "Your face is wide." "My
nose is tall." "I want to borrow my cat's hands." "It's like a sparrow's tears." と言っても意
味が通じません。（⑦　　　　　　　　）する時は、元の言語の意味をきちんと理解して、
その意味を伝えることが大切になります。

*音声は https://www.3anet.co.jp/np/books/3934/ で聞いてください。

195

トピック 10 ｜ 慣用句

本文

　他の言語と同じように、日本語にも慣用句という表現があります。慣用句とは、ある状況や様子を身近なものに例えて説明する表現です。例えば、「　ア　をかぶる」「水を得た　イ　」「飼い　ウ　に手をかまれる」のように動物を使った慣用句があります。他にも「顔が広い」「鼻が高い」「　エ　が落ちる」など体の部分を使った慣用句があります。お菓子を食べて「　エ　が落ちそうだ」というと、文字通り本当に「　エ　が落ちる」のではなく、「　オ　」という意味です。次の慣用句はどんな意味だと思いますか。

・歯が立たない　　　・目を奪われる　　　・口に乗せる
・耳が痛い　　　　　・目がない　　　　　・足が出る
・犬と猿　　　　　　・虫の知らせ　　　　・借りてきた猫

　では、慣用句はどのように使うのでしょうか。例えば、あなたは、水泳をしているとしましょう。あなたには、とても強いライバルがいます。いつも試合の時は、そのライバルが勝ちます。その時、あなたは「あの人には、歯が立たない」と言います。「とても固くて強いので、歯でかみきれない」という様子から、「勝てない」「かなわない」という意味でこの慣用句は使われます。

　また、あなたは、ピアノを習いたいと思っているとしましょう。お母さんにどんなにお願いしても、「あなたは何をしても続かないんだから。またすぐにやめてしまうんじゃないの？」と言われます。このように、失敗や弱みを注意されて聞くのがつらい時に「　A　」という慣用句を使います。

　では、次の場面を思い浮かべてください。友達にケーキを5つもらいました。「家族みんなで食べてくださいね」と言われたのですが、大好きないちごケーキだったので、5つとも一人で食べてしまいました。このように、がまんできないくらい好きな様子を伝える場合、「　B　」と表現します。

　単に「習い事が続かないと言われて嫌だった」や「がまんできず、家族の分も全部食べてしまうくらいケーキが好きです」と説明するよりも慣用句を使った方が、いきいきと表現でき、きっと話し手の感情やその場の状況も具体的なイメージとして伝えることができるでしょう。しかし、気をつけたいのは、これらの慣用句を他の言語に訳す時に、"My teeth don't stand up." "I have a pain in my ears." "I have no eyes." のように、そのまま直訳できないということです。つまり、その慣用句の意味を理解して訳さなければいけません。逆に英語の慣用句を日本語に訳す時も直訳ではなく、その表現の意味を理解して訳さなければ通じません。例えば次の英語の慣用句はどんな意味でしょうか。

- green-eyed monster
- once in a blue moon
- like cats and dogs
- let the cat out of the bag
- know the ropes
- in the soup

　言葉には、語り手の経験や深い感動など、いろいろな思いを読み手の心に刻む力があります。慣用句もまた、まるで語り手が体験した経験や感動を読み手も経験したかのように、新鮮な印象を効果的に伝える表現の一種だと言えるでしょう。

トピック **10** | 慣用句

言葉リスト

◆次の言葉の読み方を書きなさい。わからない言葉の意味を調べましょう。

言葉	読み方	意味
表現		
状況		
様子		
身近な		
例える		
説明する		
奪う		
水泳		
強い		
ライバル		
試合		
勝つ		
固い		
かみきる		
かなわない		
失敗		
弱み		
注意する		
単に		
習い事		
いきいきと		
感情		

198

具体的		
気をつける		
訳す		
直訳する		
通じる		
経験		
感動		
刻む		
体験		
新鮮な		
印象		
効果的		

トピック **10** │ 慣用句

漢字言葉学習

１．次の漢字の読み方を書きなさい。

（1）慣用句 　（　　　　　　　　　）　　（2）表現 　（　　　　　　　　　）

（3）失敗 　（　　　　　　　　　）　　（4）落ちる 　（　　　　　　　　　）

（5）様子 　（　　　　　　　　　）　　（6）意味 　（　　　　　　　　　）

（7）水泳 　（　　　　　　　　　）　　（8）注意する 　（　　　　　　　　　）

（9）経験 　（　　　　　　　　　）　　（10）説明する 　（　　　　　　　　　）

（11）例える 　（　　　　　　　　　）　　（12）効果的 　（　　　　　　　　　）

（13）伝える 　（　　　　　　　　　）　　（14）通じる 　（　　　　　　　　　）

（15）文字 　（　　　　　　　　　）　　（16）状況 　（　　　　　　　　　）

（17）感動 　（　　　　　　　　　）　　（18）試合 　（　　　　　　　　　）

（19）言葉 　（　　　　　　　　　）　　（20）続ける 　（　　　　　　　　　）

２．次は何の言葉を説明していますか。本文の中から見つけなさい。

（1）ある場面の状況 　　　　　　　　　　　　　　　　　（　　　　　　　　　）

（2）あることを別の似ている例をあげて説明する 　　　　（　　　　　　　　　）

（3）同じ目標と同じような技術や能力を持った競争相手 　（　　　　　　　　　）

（4）あることについて理由や使い方などをくわしく話す 　（　　　　　　　　　）

（5）「すごいな」と心が動かされること 　　　　　　　　（　　　　　　　　　）

トピック **10** ｜ 慣用句

文法学習

1. 名詞 ＋と同じように

「～と同じで」「～と一緒で」という意味。

（1）＿＿＿＿＿＿＿＿＿＿＿＿＿＿＿＿＿＿＿と同じように、僕もスマートフォンを買った。

（2）日本と同じように、＿＿＿＿＿＿＿＿＿＿＿＿＿＿＿＿＿＿＿＿＿＿＿＿＿＿＿

（3）＿＿＿＿＿＿＿＿＿＿＿＿＿＿＿＿＿＿＿＿＿＿＿＿＿＿＿＿＿＿＿＿＿＿＿

2. 動詞（　　　　　形）＋そうだ（推量）
   イ形容詞（い→　　）＋そうだ（推量）
   ナ形容詞（な→　　）＋そうだ（推量）

あることを見て「～だと思う」と、直感的に思うことを言う。

（1）田中君はとても頭がいい。将来は＿＿＿＿＿＿＿＿＿＿＿＿＿＿＿＿＿＿＿＿

（2）ここのお店のケーキは＿＿＿＿＿＿＿＿＿＿＿＿＿＿＿＿＿＿＿＿＿＿＿＿＿

（3）＿＿＿＿＿＿＿＿＿＿＿＿＿＿＿＿＿＿＿＿＿＿＿＿＿＿＿＿＿＿＿＿＿＿

「そうだ」と「ようだ」の違い

「そうだ」も「ようだ」も推量を表しますが、意味の違いを見ていきましょう。

◇動詞（ます形）＋そうだ：何かの状態を見て直感的に思う。

　イ形容詞（い→×）＋そうだ

　ナ形容詞（な→×）＋そうだ

　名詞に「そうだ」はつかない

例）天気が悪いな。今日は雨が降りそうだ。

　　○○さん、暇そうですね。もうレポート終わったんですか。

◇動詞（辞書形・た形）＋ようだ：何かの理由や根拠があって確信をもって判断する。

　イ形容詞（～い）＋ようだ

　ナ形容詞（～な）＋ようだ

　名詞＋の＋ようだ

例）地面が濡れている。雨が降ったようだ。

　　このソフトは新しいようだ。古いパソコンでは開けない。

　　台風が近づいてきている。明日は一日雨のようだ。

3. 名詞 ＋の＋通り（に）

名詞 ＋通り（に）

動詞（　　　　　形・　　　　　形）＋通り（に）

書いてあることや人がしたこと、言ったことなどを見本にして、「～に合わせて」「～と同じように」という意味を表す。

（1）説明書の通りに＿＿＿＿＿＿＿＿＿＿＿＿＿＿＿＿＿＿＿＿＿＿＿＿＿

（2）先生が＿＿＿＿＿＿＿＿＿＿＿＿＿＿＿＿＿＿通りにやってみたら上手にできた。

（3）＿＿＿＿＿＿＿＿＿＿＿＿＿＿＿＿＿＿＿＿＿＿＿＿＿＿＿＿＿＿＿

4. 文（普通体） ＋のではない

文の内容が正しくないという意味を表す。

　　＊文が「ナ形容詞だ／名詞だ」で終わる時は、「～だ→～な」となる。

（1）日本人は断る時にはっきり「No」と言うのではなく、＿＿＿＿＿＿＿＿＿＿

＿＿＿＿＿＿＿＿＿＿＿＿＿＿＿＿＿＿＿＿＿＿＿＿＿＿＿＿＿＿＿＿

（2）新しい調査では、＿＿＿＿＿＿＿＿＿＿＿＿＿＿＿＿＿＿＿＿＿＿＿＿＿

のではないことがわかった。

5. 文（普通体） ＋という＋ 名詞

名詞について、前の文でその具体的な内容を説明する。

（1）オリンピックで日本の選手が＿＿＿＿＿＿＿＿＿＿＿＿というニュースを見た。

（2）＿＿＿＿＿＿＿＿＿＿＿＿＿＿＿＿＿＿＿＿＿＿という話は本当ですか。

（3）＿＿＿＿＿＿＿＿＿＿＿＿＿＿＿＿＿＿＿＿＿＿＿＿＿＿＿＿＿＿＿

6. どんなに 動詞（　　　　　　形）＋も、〜

　　どんなに イ形容詞（い→　　　　）＋ても、〜

　　どんなに ナ形容詞（な→　　　　）＋でも、〜

前の文から考えられる結果と反対のことを言う。

（1）どんな＿＿＿＿＿＿＿＿＿＿＿＿＿＿＿＿＿＿＿も絶対にあきらめない。

（2）どんなに疲れていても＿＿＿＿＿＿＿＿＿＿＿＿＿＿＿＿＿＿＿＿

（3）＿＿＿＿＿＿＿＿＿＿＿＿＿＿＿＿＿＿＿＿＿＿＿＿＿＿＿＿＿＿＿

7. 動詞（　　　　　形・　　　　　形）＋場合

　　イ形容詞 ＋場合

　　ナ形容詞（　　　）＋場合

　　名詞 ＋（　　　）＋場合

「〜（する）時は」という意味。

（1）＿＿＿＿＿＿＿＿＿＿＿＿＿＿＿＿＿＿場合は、行かなくてもいいです。

（2）＿＿＿＿＿＿＿＿＿＿＿＿＿＿＿＿＿＿場合、すぐに連絡してください。

（3）＿＿＿＿＿＿＿＿＿＿＿＿＿＿＿＿＿＿＿＿＿＿＿＿＿＿＿＿＿＿＿

8. 名詞1 よりも 名詞2 の方が

　　動詞1 よりも 動詞2 ＋方が

「名詞・動詞2 は 名詞・動詞1 より〜だ」という意味を表す。「〜よりも〜の方が〜ない」
のように否定文ではあまり使わない。

（1）若い人の間では＿＿＿＿＿＿＿＿よりも＿＿＿＿＿＿＿＿＿の方が人気がある。

（2）甘いものが好きなので、＿＿＿＿＿＿＿＿よりも＿＿＿＿＿＿＿＿＿＿

（3）＿＿＿＿＿＿＿＿＿＿＿＿＿＿＿＿＿＿＿＿＿＿＿＿＿＿＿＿＿＿＿

10

203

9．きっと＋ 文（普通体） ＋でしょう

「たぶん～だろう」と推測する。

＊文が「ナ形容詞だ／名詞だ」で終わる時は、「～だ→×」となる。

（1）たくさん勉強したら、きっと＿＿＿＿＿＿＿＿＿＿＿＿＿＿＿＿＿でしょう。

（2）いつかきっと＿＿＿＿＿＿＿＿＿＿＿＿＿＿＿＿＿＿＿＿＿＿＿でしょう。

（3）＿＿＿＿＿＿＿＿＿＿＿＿＿＿＿＿＿＿＿＿＿＿＿＿＿＿＿＿＿＿＿

10．つまり（結論）

＜接続詞＞「言い換えると」「すなわち」「その結果」のような意味で結論を言う。

（1）彼はテストに遅刻した。つまり＿＿＿＿＿＿＿＿＿＿＿＿＿＿＿＿＿＿

（2）A：店長から電話がかかってきて、今週末アルバイトに出られる人がいないんだって。

　　　B：それはつまり、＿＿＿＿＿＿＿＿＿＿＿＿＿＿＿＿＿＿＿＿＿＿

トピック **10** │ 慣用句

内容理解

１．本文を読んで、正しい文に○、間違っている文に×を書きなさい。

（１）慣用句は最近使われるようになりました。 （　　　）

（２）慣用句はある様子を何かに例えた表現です。 （　　　）

（３）慣用句は実際に起きたことを伝えるために使われるようになりました。 （　　　）

（４）慣用句はそのまま翻訳することができません。 （　　　）

（５）慣用句を使うと、みんな元気になります。 （　　　）

２．本文を読んで、次の質問に答えなさい。

（１）慣用句とは、どういう表現ですか。

（２）本文の ア 、 イ 、 ウ に入る動物をそれぞれ選びなさい。
　　（ａ）犬　　（ｂ）魚　　（ｃ）すずめ　　（ｄ）猫

（３）本文の エ に入る慣用句はどれでしょうか。
　　（ａ）顔　　（ｂ）鼻　　（ｃ）あご

（４）本文の オ に入る言葉は次のどれでしょうか。選びなさい。
　　（ａ）にがい　　（ｂ）おいしい　　（ｃ）まずい　　（ｄ）すっぱい

（５）「歯が立たない」とは、どういう意味ですか。説明しなさい。

（６）本文のＡとＢに入る慣用句は、本文で紹介された慣用句のどれですか。

A	
B	

10

205

（7）本文で紹介された次の慣用句の意味を調べましょう。

慣用句	意味
目を奪われる	
口に乗せる	
足が出る	

（8）次の①～③の慣用句は、どんな意味ですか。（a）～（c）から選んで一致させなさい。
①犬と猿　　　　　　　②虫の知らせ　　　　　　　③借りてきた猫

（a）いつもと違って、とてもおとなしい様子
（b）仲が悪い様子
（c）よくないことが起こりそうだと感じること

（9）慣用句を使うと、何をどのように伝えることができますか。下線部に言葉を書きなさい。

_____を

_____かのように伝えることができる。

（10）次の英語の慣用句の意味を調べなさい。

慣用句	意味
① green-eyed monster	
② once in a blue moon	
③ like cats and dogs	
④ let the cat out of the bag	
⑤ know the ropes	
⑥ in the soup	

（11）あなたの国にも面白い慣用句はありますか。紹介してください。

トピック **10** ｜ 慣用句

活動

> **活動のポイント**

- 慣用句について調べて、意味を書く
- 慣用句を当てはめて、例文を完成させる
- 慣用句を使って、スキット（寸劇）を作る
- 会話文を覚えて、スキットを録画して、ビデオを作る

> **活動①の流れ：リサーチ**

① 慣用句について調べて意味を理解する
　＊一人で全部調べてもいいし、一人数個ずつ調べてクラスで発表して書き取ってもよい。
② 言葉カードなどを使ってゲームをして、慣用句の表現と意味の理解を深める
　＊ペアやグループを作って、かるたや神経衰弱などのゲームをすると楽しめる。

> **活動②の流れ：スキット作り**

1. スキットの会話文を作る・場面を設定してスキットを練習する
   ① 慣用句を使って、会話文を作る
   ② 作文（下書き）を書く
   ③ 先生にチェックしてもらう
   ④ もう一度作文を書き直す
   ⑤ 会話文の発音練習をする
   ⑥ （校舎内で）効果的な場所を決めて小道具を用意しておく
   ⑦ 会話文を覚えて、ジェスチェーも入れて自然な会話になるようにスキットを練習する

2. スキット（寸劇）をする・ビデオに録画する・編集・評価する
   ① 自然な会話の流れの中で慣用句が出るように、ジェスチャーを練習する
   ② 教室や廊下など、会話にあう場所を決め、アングルを考えて、ビデオに録画する
   ③ ビデオを編集する
   ④ クラスで完成したスキットを見る
   ⑤ 見ている人は、評価表で評価する

活動① リサーチ

1．いろいろな慣用句があります。次の慣用句の意味を調べましょう。

慣用句	意味
1．顔が広い	
2．口をそろえる	
3．腕を上げる	
4．舌をまく	
5．初耳	
6．肩をならべる	
7．頭に来る	
8．頭が固い	
9．顔から火が出る	
10．眉をひそめる	
11．肩を持つ	
12．肩を落とす	
13．骨を休める	
14．腹が立つ	
15．手が焼ける	
16．足が棒になる	
17．足が出る	
18．手に余る	
19．	
20．	

（19 と 20 は自分で慣用句を調べてください）

２．次の会話にふさわしい慣用句を次のページの□の中から選び、正しい形にしなさい。使わない慣用句もあります。

（１）先生：最近、サッカーの（　　　　　　　　　　）ましたね。
　　　生徒：はい。もうすぐ試合があるので、がんばって練習をしています。

（２）子ども：今週の週末、友達のところに泊まってもいい？

　　　お父さん：だめだ。

　　　子ども：テストの勉強をするから、いいでしょう？

　　　お父さん：だめだ。

　　　子ども：お父さんは、本当に（　　　　　　　　　　　　　）んだから。

（３）警察：おまえが盗んだんだろう？
　　　容疑者Ａ：いいえ。私は盗んでいません。
　　　容疑者Ｂ：いいえ。私では、ありません。
　　　容疑者Ｃ：知りません。
　　　警察：容疑者がみんな（　　　　　　　　　　　　　）て、同じことを言っている。
　　　　　　だれが盗んだんだ？

（４）Ａ：今日のピアノの発表会で間違えてしまって、（　　　　　　　　　　）くらい
　　　　恥ずかしかった。

　　　Ｂ：ぜんぜんわからなかったよ。

（５）妻：今月のごはん代、電気代、水道代は、23万円もかかってしまったわ。お給料
　　　　は20万円だから、3万円も（　　　　　　　　　　）てしまったわ。どうしよう。

（６）お母さん：またお兄ちゃんにいじめられたの？

　　　弟：うん。たたかれた。

　　　兄：お母さんは、いつも弟の（　　　　　　　　　　）てばかりいるから、きらいだ。

　　　お母さん：そんなことないわよ。ちゃんと二人のことを考えているわよ。

（７）生徒Ａ：○○先生が学校をやめるそうだよ。
　　　生徒Ｂ：へえー、それは（　　　　　　　　　）だよ。今度の先生はどんな人だろうね。

（８）母親：もう大人なんだから、一人で起きられるでしょ？

　　　子ども：でも朝は苦手なんだよ。

　　　母親：本当に（　　　　　　　　　）わね。困っちゃうわ。

（9）A：今度の試験も合格できなかった。

B：そんなに（　　　　　　　　　　　）で。大丈夫だよ、次はきっと合格するよ。

（10）A：C君は、有名人の友達がいるんだって。

B：へえ、すごいね～。C君は（　　　　　　　　　　　）ね。

手が焼ける	足が出る	肩を持つ	顔が広い
腕を上げる	頭が固い	顔から火が出る	腹が立つ
初耳	口をそろえる	肩を落とす	

活動②	スキット作り

慣用句を使って、簡単なスキット（寸劇）を作りましょう。調べた慣用句以外の表現を使ってもいいです。

日常生活で慣用句を使えたら、きっと表現の幅が広がります。

＜手順＞

☐　２人のペアを作りましょう

☐　慣用句を使って会話文を作りましょう

☐　先生にチェックしてもらいましょう

☐　会話練習をして、スキットの会話文を覚えましょう

☐　ジェスチャーをつけて演技の練習もしましょう

☐　アングルを考えて、ビデオに録画しましょう

☐　完成したらみんなで一緒に見ましょう

＜慣用句会話スクリプト＞

10

211

会話文の表現例

●男性言葉の表現

・〜です→〜だぞ　　　　　・〜ですね→〜だな

●女性言葉の表現

・〜ですね→〜だよ　　　　・〜ですよね→〜よね

・〜してしまう→〜しちゃう　・〜してしまった→〜しちゃった

慣用句会話文例
〜会話文を作る〜

A：Bさん、お久しぶり。元気だった？冬休みはどうだった？

B：家族とハワイに行って、ビーチでゆっくりして、おいしいご飯も食べたよ。

A：いつも忙しそうだったから、**骨を休められて**よかったね。

B：そうだね。Aさんはどうだった？

A：私は友達とスキーに行きたかったんだけど、お父さんに反対されて行けなかったの。

B：それは、残念だったね。どうして、お父さんに反対されたの？

A：お父さんは**頭が固くて**、古い考え方だから、学生だけで旅行に行ったらだめって
　怒られたの。本当に**頭に来ちゃう**。

B：そうなんだ。学生だけだと何か事故があった時に心配だもんね。お父さんの気持
　ちもわかるよ。

1．会話文を提出する日は、 ＿＿＿＿＿＿月 ＿＿＿＿＿日（ ＿＿＿ ）です。

2．録画する日は ＿＿＿＿＿＿月 ＿＿＿＿＿日（ ＿＿＿ ）です。

10

トピック 11

オリンピック

オリンピックは4年ごとに開かれるスポーツの世界的な大会です。世界各国から選手が集まり、すばらしい演技や競技を見せてくれます。オリンピックを通し、世界各国が交流し、互いに尊敬し合える世界となることが期待されています。

トピック **11** オリンピック

はじめに

◆次の質問に答えましょう。

1. 現在のサッカーは中世に行われたある国の祭りに起源があります。

   それはどこの国ですか。

   （a）アメリカ　　（b）ブラジル　　（c）イギリス　　（d）ドイツ

2. 次のうち、一般的なルールで1チームの人数が一番少ないスポーツはどれですか。

   （a）クリケット　　（b）ラクロス　　（c）野球　　（d）ラグビー

3. 日本において、スポーツ人口が多い順番に次のスポーツを並べなさい。

   （a）ジョギング　　（b）ボウリング　　（c）水泳　　（d）ウォーキング

   （e）ゴルフ

4. 次のスポーツのうち、どのスポーツが一番古く日本に伝えられましたか。

   （a）野球　　（b）サッカー　　（c）テニス　　（d）バレーボール

5. 日本で生まれたスポーツではないものはどれですか。

   （a）剣道　　（b）柔道　　（c）卓球　　（d）すもう

6. 古代オリンピックの起源はどこですか。

   （a）中国　　（b）ドイツ　　（c）イギリス　　（d）ギリシャ

7. 古代オリンピックは、いつごろ始まりましたか。

   （a）BC 9世紀　　（b）1世紀　　（c）5世紀　　（d）16世紀

8. 近代オリンピックは、いつ始まりましたか。

   （a）1349年　　（b）1535年　　（c）1678年　　（d）1896年

9. 2016年のオリンピックで、一番たくさん金メダルを取った国はどこですか。

   （a）イギリス　　（b）中国　　（c）アメリカ　　（d）ロシア

10. あなたの国では、どんなスポーツが人気ですか。

トピック **11** ｜ オリンピック

リスニング

◆リスニング用のスクリプトがあります。(p.256)
　「オリンピック＜リスニング用＞」を聞いて、質問に答えましょう。

＜1回目＞

1．正しい文に○、間違っている文に×を書きましょう。
（1）古代オリンピックは、今から2000年以上前に始まりました。　　（　　　）
（2）キリスト教を祝うためにオリンピックは始まりました。　　　　（　　　）
（3）今日では、毎年夏と冬にオリンピックがあります。　　　　　　（　　　）
（4）オリンピックのシンボルの色は青、黄色、茶色、緑、赤です。　（　　　）
（5）現在でも、オリンピックはギリシャで行われています。　　　　（　　　）

＜2回目＞

2．もう一度聞いて、次の（　　　）に入る言葉を書き入れなさい。

　古代オリンピックは、紀元前9世紀に始まり、（①　　　　　　　　　　）で行われていました。オリンピックは、もともとギリシャのオリンピアの神々を祭るための（②　　　　　　　　　　）的な行事でした。その時は、競走の1種目しかありませんでした。その後、競技種目は増えましたが、（③　　　　　　　）年にローマ帝国が国の宗教をキリスト教に決めたため、オリンピックはなくなりました。その後、1896年に再びオリンピックが開かれました。現在では、陸上や（④　　　　　　　　　　）などの夏季オリンピックとスケートやスキー、（⑤　　　　　　　　　　）などの冬季オリンピックが行われています。それぞれの大会は世界のいろいろな国で（⑥　　　　　　　）年ごとに開かれています。オリンピックのシンボルは青、黄色、黒、緑、赤の5色の輪をつなげたものです。このデザインは、（⑦　　　　　　　　　）の大陸を表し、スポーツを通し、世界が一つになって、（⑧　　　　　　　　　）になることを願って考えられました。

＊音声は https://www.3anet.co.jp/np/books/3934/ で聞いてください。

トピック **11** ｜ オリンピック

本文

　オリンピックは、紀元前9世紀にギリシャで始まりました。オリンピックはもともとギリシャのオリンピアの神々を祭るための宗教的な行事でした。当時は、競走の1種目しかありませんでした。その後、ギリシャで4年ごとに開かれ、競技種目は増えましたが、ギリシャを支配したローマ帝国が392年に国の宗教をキリスト教に決めたため、393年を最後に、オリンピックはなくなりました。この時代のオリンピックは近代のオリンピックと区別して古代オリンピックと呼ばれています。その後、再びオリンピックが開かれたのは1896年になってからのことです。現在は、夏季オリンピックと冬季オリンピックがあり、それぞれ4年に1回世界のいろいろな場所で開かれています。オリンピックのシンボルは、5色の輪をつなげています。これは、地球の大陸を表していると言われています。スポーツを通じて世界が一つになって、平和になることを願って考えられました。

　2016年にリオデジャネイロで開かれた夏季オリンピックでは、206もの国と地域が参加し、28競技が行われました。オリンピックの競技に選ばれるためには、世界の多くの国で広く行われるスポーツでなくてはいけません。日本で始まった柔道もオリンピックの競技の一つに選ばれています。柔道は、1964年に初めてオリンピックの正式な競技になりました。柔道は日本で生まれたスポーツですが、多くの国の選手が参加する最も人気のある競技の1つで、現在200か国を超える国や地域が国際柔道連盟に加盟しています。なぜ柔道は今日のように世界で親しまれるスポーツになったのでしょうか。

　柔道は、明治時代に嘉納治五郎（1860〜1938）によって考え出されました。柔道の目的は、日本古来の武術の精神にもとづいています。すなわち、日々心身を成長させること、そして社会に貢献できる人材を育てることを目的としています。そのため、柔道は単に体を鍛えるためのスポーツというだけではなく、精神も鍛えるためのスポーツだと言えます。柔道を通し、どんな困難も冷静に乗り越える強い心と、相手に対する思いやりと尊敬の気持ちを育て、礼儀正しさを身につけることができます。そのため、対戦する相手のことを「敵」として見るのではなく、互いに成長させるための大切な存在であると考えています。そのような態度は、試合の最初と最後に「礼」をすることからもわかります。相手を尊敬し、礼儀を大切にする考えは、日本はもちろん外国でも広く受け入れられています。それが、

外国でも人気を集めている理由なのかもしれません。

　オリンピックは世界の国々が一堂に会する国際的な大会です。スポーツを通じて、国境を越え、互いを尊重し、交流する場です。世界にはまだ解決できない国際的な問題が残されているかもしれませんが、オリンピックをきっかけに交流を深め、理解し合える日が望まれてなりません。

トピック **11** │ オリンピック

言葉リスト

◆次の言葉の読み方を書きなさい。わからない言葉の意味を調べましょう。

言葉	読み方	意味
紀元前		
ギリシャ		
宗教		
行事		
競走		
種目		
競技		
支配する		
近代		
区別する		
古代		
再び		
夏季		
冬季		
シンボル		
輪		
地球		
大陸		
表す		
平和		
地域		
参加する		

正式な		
選手		
加盟する		
親しむ		
明治時代		
目的		
古来		
武術		
精神		
もとづく		
心身		
成長する		
貢献する		
人材		
育てる		
鍛える		
困難		
冷静な		
乗り越える		
相手		
思いやり		
尊敬		
礼儀正しさ		
身につける		
対戦する		

敵		
互い		
態度		
試合		
最初		
最後		
礼		
国際的		
国境		
越える		
尊重する		
交流する		
解決する		
深める		
理解する		
望む		

トピック **11** │ オリンピック

漢字言葉学習

1．次の漢字の読み方を書きなさい。

（1）競技　　（　　　　　　　）　　（2）成長　　（　　　　　　　）

（3）国際的　（　　　　　　　）　　（4）尊敬　　（　　　　　　　）

（5）精神　　（　　　　　　　）　　（6）交流　　（　　　　　　　）

（7）育てる　（　　　　　　　）　　（8）平和　　（　　　　　　　）

（9）選手　　（　　　　　　　）　　（10）目的　　（　　　　　　　）

（11）近代　　（　　　　　　　）　　（12）国境　　（　　　　　　　）

（13）望む　　（　　　　　　　）　　（14）柔道　　（　　　　　　　）

（15）理解　　（　　　　　　　）　　（16）貢献　　（　　　　　　　）

（17）参加　　（　　　　　　　）　　（18）心身　　（　　　　　　　）

（19）親しむ　（　　　　　　　）　　（20）態度　　（　　　　　　　）

2．次は何の言葉を説明していますか。本文の中から見つけなさい。

（1）「もう一度」「また」という意味の言葉　　　　　　（　　　　　　　）

（2）運動をして体を丈夫にすること　　　　　　　　　（　　　　　　　）

（3）相手のすばらしいところを認めて、大切に思う気持ち　（　　　　　　　）

（4）マナーを守って、正しい態度で行動すること　　　（　　　　　　　）

（5）他の人とコミュニケーションをすること　　　　　（　　　　　　　）

トピック **11** ｜ オリンピック

文法学習

1. 名詞 ＋を通（つう）じて

① 「手段、過程、経験、間に入る人やことがら」を表す。受動的、偶然的に何かを得るというイメージがある。

② 「ある期間ずっと」を表す。

（1）＿＿＿＿＿＿＿＿＿＿＿＿＿＿＿＿＿＿＿＿を通じて、友達がたくさんできた。

（2）インターネットを通じて、＿＿＿＿＿＿＿＿＿＿＿＿＿＿＿＿＿＿＿＿＿＿

（3）＿＿＿＿＿＿＿＿＿＿＿＿＿＿＿＿＿＿＿＿＿＿＿＿＿＿＿＿＿＿＿＿＿＿

2. 名詞 ＋によって＋ 動詞（受身）

「作る」「建てる」「書く」など「何かを完成する」という動詞を受身にする時、その動作主は「に」ではなく「によって」を使う。

（1）『源氏物語』は＿＿＿＿＿＿＿＿＿＿＿＿＿＿＿＿＿＿＿＿＿＿＿＿＿＿＿

（2）電話は＿＿＿＿＿＿＿＿＿＿＿＿＿＿＿＿＿＿＿＿＿＿＿＿＿＿＿＿＿＿＿

（3）＿＿＿＿＿＿＿＿＿＿＿＿＿＿＿＿＿＿＿＿＿＿＿＿＿＿＿＿＿＿＿＿＿＿

3. 名詞 ＋を通（とお）して

① 「手段、過程、経験、間に入る人やことがら」を表す。自ら行動して、何かを得るという意志的なイメージがある。

② 「ある期間ずっと」を表す。

（1）高校生活を通して、＿＿＿＿＿＿＿＿＿＿＿＿＿＿＿＿＿＿＿＿＿＿たいです。

（2）アメリカに留学した経験を通して、＿＿＿＿＿＿＿＿＿＿＿＿＿＿＿＿＿＿

（3）＿＿＿＿＿＿＿＿＿＿＿＿＿＿＿＿＿＿＿＿＿＿＿＿＿＿＿＿＿＿＿＿＿＿

💡 「～を通して」と「～を通じて」の違い

この２つの表現は「手段・過程」を表す点でよく似ていますが、使い方の異なる点を詳しく見ていきましょう。

◇名詞＋を通して：①「（能動的・意志的に）ある手段を利用して、何か得たこと」という意味を表す。

②「～の期間ずっと」

◇名詞＋を通じて：①「（受動的・偶然的に）ある手段・過程を経た結果、何かを得たこと」を表す。

②「～の期間ずっと」

得られた結果が意志的か偶然的かわからない場合はどちらも使えるが、意志的か偶然的かの意味が読み取れる場合においては少し違いが生じる。

例）インターネットを通して（〇）／通じて（〇）、世界のことが知れる時代になった。

友人を通して（〇）／通じて（〇）、田中君と知り合いになった。

メールを通して（〇）／通じて（×）、アメリカの人と連絡を取った。

異文化交流を通して（〇）／通じて（×）理解を深める。

この地域は、一年を通して（〇）／通じて（〇）雨がよく降る。

4. 名詞1 ＋に対する＋ 名詞2

名詞 ＋に対して＋ 文

動作や気持ちが向かう相手や物を表す。「に対する」の後には名詞、「に対して」の後には文が続く。

（1）＿＿＿＿＿＿＿＿＿＿＿＿＿＿＿＿＿＿＿＿＿＿＿＿に対する批判が高まっている。

（2）＿＿＿＿＿＿＿＿＿＿＿＿＿＿に対して、＿＿＿＿＿＿＿＿＿＿＿＿＿てはいけない。

（3）＿＿＿＿＿＿＿＿＿＿＿＿＿＿＿＿＿＿＿＿＿＿＿＿＿＿＿＿＿＿＿＿＿

11

223

5. 名詞 ＋をきっかけに

「あることをしてから、〜を始めた」という変化（へんか）を表す。

（1） _____をきっかけに、友達（ともだち）との仲（なか）が深まった。

（2）日本旅行をきっかけに、_____

（3）_____

6. イ形容詞（い→く） ＋てならない

　　 ナ形容詞（な→×） ＋でならない

　　 動詞（　　　　　　形） ＋ならない

自然（しぜん）にある気持ちが起こって、抑（おさ）えられない様子を表す。いい意味にもよくない意味の時にも使える。

（1）明日の試験（しけん）のことが_____

（2）遠足に行くのが今から_____

（3）_____

トピック **11** ｜ オリンピック

内容理解

1．本文を読んで、正しい文に○、間違っている文に×を書きなさい。
（1）柔道は古代オリンピックから行われている競技の1つです。（　　）
（2）柔道は侍が考えたスポーツです。（　　）
（3）柔道は世界のほとんどすべての国や地域で行われています。（　　）
（4）柔道がオリンピックの競技になったのは、嘉納治五郎が亡くなってからです。
　　　　　　　　　　　　　　　　　　　　　　　　　　　　　　　（　　）
（5）柔道は千年以上も前から日本で行われています。（　　）
（6）柔道が礼儀正しさを身につけるスポーツだということは外国でも受け入れられています。
　　　　　　　　　　　　　　　　　　　　　　　　　　　　　　　（　　）

2．本文を読んで、次の質問に答えなさい。
（1）古代オリンピックと近代オリンピックについてまとめなさい。

	古代オリンピック	近代オリンピック
いつからいつまでですか？		
どこで開かれていますか？		

（2）なぜ、古代オリンピックは開かれなくなりましたか。

（3）近代オリンピックのシンボルを色鉛筆で、描いてみましょう。
　　　（色の位置にも気をつけてください）
　　　このシンボルは、何を表していますか。

（4）古代オリンピックと近代オリンピックの目的の違いは何ですか。下線部に説明を書きなさい。

古代オリンピックは＿＿＿＿＿＿＿＿＿＿＿＿＿＿＿＿目的で行われていましたが、

近代オリンピックはスポーツを通じて、オリンピックが＿＿＿＿＿＿＿＿＿＿＿

＿＿＿＿＿＿＿＿＿＿＿＿＿＿＿＿＿＿＿ことを目的に行われています。

（5）オリンピックの競技に選ばれるためにどんな条件がありますか。

（6）次の文は柔道について説明しています。テキストの内容に合うように、（　　　）に言葉を書きなさい。

> 　柔道は今では、オリンピックの正式な（①　　　　　　　　）になり、多くの国々で人気があります。柔道は、（②　　　　　　　）に（③　　　　　　　　）によって考え出され、広まりました。柔道の（④　　　　　　）は、毎日（⑤　　　　　　）と体を成長させること、そして、社会に貢献できる（⑥　　　　　　）を育てることです。そのために、相手に対する（⑦　　　　　　）や（⑧　　　　　　）の気持ちを育て、（⑨　　　　　　　　　）を教えます。今では、世界で（⑩　　　　　）か国以上の国で柔道が行われています。

（7）なぜ柔道で最初と最後に「礼」をしますか。

（8）「精神を鍛える」とは、具体的にどんな心を育てることですか。

＿＿＿＿＿＿＿＿＿＿＿＿＿＿＿＿＿＿＿＿＿＿＿心を育てること。

（9）柔道が世界の国でも人気があるのはなぜですか。

11

（10）「一堂に会する」とは、どういう意味ですか。

226

（11）作者はオリンピックについてどのように考えていますか。次の□に入る言葉を書いて、まとめの文を完成させなさい。

オリンピックは世界の国々が参加する ☐☐☐ な大会なので、

☐☐ することで、互いの国を ☐☐ し合い、世界の問題を

☐☐ する ☐☐☐☐ になることを期待しています。

（12）あなたの国では、どのようなスポーツが人気ですか。

（13）あなたの国で生まれたスポーツはありますか。それはどんなスポーツですか。そのスポーツについて紹介してください。

227

トピック **11** ｜ オリンピック

活動

活動のポイント

- スポーツの説明を読んで、正しくスポーツの名前を書いてクロスワードパズルを完成させる
- スポーツの由来、歴史を調べて紹介する
- スポーツのルールをわかりやすく説明する
- 紹介されたスポーツの中からおもしろそうなスポーツを1つ選んでみんなでする

活動①の流れ：クロスワードパズル

① スポーツの説明を読んで、何のスポーツについて説明しているかを考える
② クロスワードパズルに正しくスポーツの名前を記入する

活動②の流れ：リサーチ・発表

1．スポーツを調べる
　① スポーツの由来、歴史・ルールを調べる
　② ＜リサーチシート＞にまとめる

2．作文を書く・準備をする
　① スポーツを紹介する作文を書く
　② 先生にチェックしてもらう
　③ 発表の練習をする、覚える
　④ 発表に必要なポスターやパワーポイントを用意する

3．発表する・評価する・遊ぶ
　① 発表をして、評価をする
　② クラスで発表したスポーツの中から、やってみたいスポーツを一つ選ぶ
　③ 時間に余裕があれば、みんなで一緒にそのスポーツをする

活動① クロスワードパズル

1. 次のページのヒントを読んで、下のクロスワードパズルを完成させなさい。

＊クロスワードパズルの性質上、長音符の記号「ー」が通常の表記と異なるところがあります。

＜縦のヒント＞

1：冬に氷の上でします。ジャンプなどの技と踊りの美しさで点数を競います。

3：風の力を利用して、小さな舟で水の上を進む競技。速さと舟を動かす技術を競います。

4：冬に雪の上を板に乗って滑ります。手には何も持ちません。バランスをとって体の向きを変えて、雪山を降ります。

7：1891年にアメリカで考えられました。1チーム5人で、2つのチームが試合をします。ボールを相手のチームのリングの中に入れたら点数が入ります。

8：韓国で空手をもとに生まれました。手と足を使って相手と戦います。

9：古代オリンピックで行われていました。リングの中で2人の選手が力を競います。相手の後ろに回ったり、肩を床につけたりすることでポイントが入ります。

10：2チームそれぞれ7人ずつで試合をします。ボールを投げて、相手のチームのゴールに入れたら点数が入ります。ボールを持てるのは3秒以内で、ボールを持って4歩以上進むことはできません。

12：陸上や水泳で行う種目。複数の人が1つのチームになり、交代で走ったり泳いだりします。

14：手にグローブをつけて、相手にパンチをします。相手をノックアウトするか判定で勝敗が決まります。

＜横のヒント＞

2：海でするスポーツ。ボードに乗って、波の上を滑ります。

5：弓を使って的に矢を当てる西洋の競技です。

6：冬にするスポーツ。足に板をつけて、ストックを持って雪の上を滑ります。

7：ネット越しにラケットでシャトルを打って、相手のコートに落とせば点数が入ります。1回で相手のコートにシャトルを戻さなければいけません。アジアの国々で人気です。

8：ネット越しにラケットでボールを打ちます。ワンバウンドしても、直接打ち返してもいいですが、1回で相手のコートに返さなければいけません。このスポーツは、紀元前のエジプトで始まったと言われています。その後16世紀にフランスで人気が出ました。

11：水泳、自転車、長距離走の3種目を連続で行う競技です。

13：ネット越しにボールを手で打ち合うスポーツです。1チーム6人で、2つのチームでプレイします。相手のコートにボールを落とせば点数が入ります。自分のコートにボールが来たら3回以内に相手のコートにボールを返さなければいけません。

15：楕円形のボールを使います。ボールを持って走ったり、投げたり、蹴ったりします。ボールを前に投げてはいけません。ボールを蹴って、ゴールポストの間を通すか、ボールを持って相手チームの陣地にトライすると点数が入ります。

16：中世ヨーロッパの剣術がもとになって生まれました。2人の選手が向かい合って、剣を相手の体に当てればポイントが入ります。

| 活動② | リサーチ・発表 |

◆あなたの興味のあるスポーツを一つ選んで、そのスポーツの由来、歴史、ルールを調べましょう。あなたの国のスポーツでもいいですし、みんなが知らないスポーツでもいいです。

＜選ぶポイント＞

・みんなで楽しめるスポーツ

・体を動かすスポーツ

・道具などが手に入るスポーツ（高い道具や学校にないものはできないかもしれません）

・学校で実際にできるスポーツ（スキーやスケートなどは季節や場所によっては、行うのが難しいでしょう）

・危険ではないスポーツ

＜リサーチシート＞

スポーツの名前	
由来・歴史 （いつ、どこで始まったのか、どこで人気かなど）	①いつ始まりましたか。 ②どこで始まりましたか。 ③今は何か国で行われていますか。 ④ どのような国で人気ですか。
ルール	
そのスポーツをするのに必要なもの	
おすすめの理由 （なぜこのスポーツを紹介したいと思ったかなど）	

11

＜スポーツ紹介作文シート＞

　下の文は「スポーツ」を紹介する基本的な作文の構成です。作文を書くことが苦手な人は、下線部に必要な説明を入れて、作文用紙に全部書き写しましょう。自分で作文が書ける人は、調べた内容を自分でまとめて、作文を書いてもいいです。

スポーツ紹介作文サンプルフォーム

は　じ　め	私は、＿＿＿＿＿＿＿＿について紹介します。＿＿＿＿＿＿＿＿は、 　　　　　　　（スポーツの名前）　　　　　　　　　　　　　　（スポーツの名前） ＿＿＿＿＿＿＿＿＿て、＿＿＿＿＿＿＿＿＿をします。 　　　（スポーツの簡単な紹介） ＿＿＿＿＿年に＿＿＿＿＿＿＿＿＿＿ようになりました。 　（いつ）　　（変化したこと：（例）日本に伝えられた、オリンピック種目になった） では、歴史とルールについて詳しく紹介します。
な　か	＿＿＿＿＿＿＿＿によれば、＿＿＿＿＿＿＿＿の発祥地は、 　　　　（情報源）　　　　　　　　　　　（スポーツ名前） ＿＿＿＿＿＿＿＿だとされています。＿＿＿＿＿＿＿年ごろ 　　（国や場所）　　　　　　　　　　　（いつ始まった？） に始まったと考えられています。日本に入ってきたのは、＿＿＿＿＿＿年で、 　　　　　　　　　　　　　　　　　　　　　　　　（日本に来たのはいつ？） ＿＿＿＿＿＿＿＿によって日本に初めて紹介されました。現在では、 （日本のそのスポーツを広めた人） ＿＿＿＿＿＿＿＿＿＿＿などで行われています。 　　（このスポーツが人気の国） 　ルールは＿＿＿＿＿＿です。＿＿＿＿＿＿ばいけません。 　　　（ルールの難度）　　　　　（ルール①） ＿＿＿＿＿＿＿＿＿＿てもいいです。 　　　（ルール②） 最終的に＿＿＿＿＿＿＿＿チームが勝ちです。 　　（勝つための基準）
お　わ　り	＿＿＿＿＿＿＿＿＿＿ので、とてもいいと思います。 　　（そのスポーツのいいところ） ＿＿＿＿＿＿＿＿＿＿ので、 （「おすすめのこと」あるいは「してはいけないこと」の理由と内容） ＿＿＿＿＿＿＿＿ください。 　　（気をつけること）

11

おすすめの文法・表現例

●紹介する
・私は〜について、紹介します　　　　・〜について詳しく話します
●情報を伝える
・〜によると、〜ということです　　　・〜ようになりました
・〜といった〜　　　　　　　　　　　・〜年に初めて〜されました
●ルールを伝える
・〜したら〜なければいけません　　　・〜に分かれて〜します　　　・〜てもいいです
・〜したら勝ちです　　　　　　　　　・〜ので、〜ください

スポーツ紹介作文例

はじめ	私は、ドッジボールについて紹介します。ドッジボールは、2つのチームに分かれて、ボールを使って試合をします。日本の小学校で昔からよく遊ばれているゲームですが、1991年に日本ドッジボール協会が作られてから正式な競技として試合が行われるようになりました。では、歴史とルールについて詳しく紹介します。
なか	日本ドッジボール協会によれば、ドッジボールが生まれたのは、イギリスだと言われていますが、はっきりしたことはわかっていません。1900年から1940年ごろに始まったとされています。日本に入ってきたのは、1909年のことで坪井玄道と可児徳によって「円形デッドボール」という名前で日本に初めて紹介されました。現在では、マレーシア、インド、シンガポールといったアジアをはじめ、イラン、パキスタン、ブルネイといった国も参加し、国際大会が行われています。 　ルールは簡単です。二つのチームに分かれて、ボールを投げ合います。コートの中の人がボールを相手チームに投げて、相手チームがボールに当たったり、ボールを受け止められずに落としたりしたら、当たった人は相手側のコートの外に出なければいけません。コートの外に出た人がボールを拾って、相手チームのコートの中の人にボールを当てたら、当てた人はコートの中に戻れます。最終的にコートの中にいる人の数が多いチームが勝ちです。
おわり	ボールさえあれば、どこでもたくさんの人で楽しめるので、とてもいいと思います。ボールに当たったら痛いので、けがに気をつけてください。

1．作文の提出日は、＿＿＿＿月＿＿＿＿日（＿＿）です。
2．発表する日は、＿＿＿＿月＿＿＿＿日（＿＿）です。

トピック 12

世界遺産(いさん)

世界にはたくさんの世界遺産(いさん)があります。世界遺産(いさん)は、自然(しぜん)や過去(かこ)の歴史(れきし)を伝(つた)えるための大切(たいせつ)な文化財(ぶんかざい)です。世界遺産(いさん)について学び、長く続いてきた地球の歴史(れきし)、人間の歴史(れきし)の大切さを知り、次の世代へと受け継(うっつ)いでいきたいものです。

トピック **12** │ 世界遺産

はじめに

◆次の質問に答えましょう。

1. 世界遺産を登録している国際的な機関は次のどこでしょうか。
   （a）ILO　　（b）WHO　　（c）UNESCO　　（d）UNICEF

2. 世界遺産が最もたくさんある国はどこだと思いますか。

3. 次のうち、世界遺産に登録されているところはどこですか。すべて選びなさい。
   （a）富士山　　（b）法隆寺　　（c）原爆ドーム　　（d）大阪城

4. 次のうち、世界遺産に選ばれているところはどこですか。すべて選びなさい。
   （a）ナイアガラの滝（カナダ・アメリカ）　　（b）凱旋門（フランス）

（c）自由の女神（アメリカ）　　（d）エッフェル塔（フランス）

トピック **12** | 世界遺産

リスニング

◆リスニング用のスクリプトがあります。(p.256)
「世界遺産＜リスニング用＞」を聞いて、質問に答えましょう。

＜1回目＞
1．正しい文に○、間違っている文に×を書きましょう。
（1）ユネスコは国際連盟の機関の一つです。　　　　　　　　　　（　　　）
（2）ユネスコは戦後、設立されました。　　　　　　　　　　　　（　　　）
（3）ユネスコの目的は、教育や平和を広めることです。　　　　　（　　　）
（4）世界遺産の多くはアジアやアフリカにあります。　　　　　　（　　　）
（5）日本で世界遺産に登録されているのは20か所もありません。（　　　）

＜2回目＞
2．もう一度聞いて、次の（　　　　）に入る言葉を書き入れなさい。

　ユネスコは英語のthe United Nations Educational, Scientific and Cultural Organization
の（①　　　　　　　　　　）をとって、名前がつけられました。ユネスコは、
（②　　　　　　　　　　）の機関の一つで、戦後の教育、（③　　　　　　　　）、
文化の発展を通じて平和と安全に貢献することを目的としています。第二次世界大戦後、
ユネスコ憲章が採択され、1946年に設立されました。本部は、フランスの
（④　　　　　　）にあります。ユネスコ憲章には、「（⑤　　　　　　　）は人の心の
中で生まれるものであるから、人の心の中に（⑥　　　　　　）のとりでを築かなけ
ればならない」と書かれています。ユネスコは、教育や文化の発展を目指し、悲劇を
繰り返さないために造られました。ユネスコの活動には、識字率の（⑦　　　　　　）
や義務教育の（⑧　　　　　　）、世界遺産の（⑨　　　　　　）と登録があります。
2018年の時点で世界遺産条約を結んでいるのは、世界で193か国になっています。
世界遺産に登録されているのは、世界で1000を超えます。アジアやアフリカよりも
（⑩　　　　　　　　）に多くの世界遺産があります。最もたくさん世界遺産がある国は
イタリアで、次に中国、スペインと続きます。2019年の時点で、日本には19の文化遺産と
4つの自然遺産が世界遺産に登録されています。ユネスコの活動を広めることと理解を
深めてもらうため、世界の有名な人たちが親善大使となって、普及活動をしています。

＊音声は https://www.3anet.co.jp/np/books/3934/ で聞いてください。

トピック **12** ｜ 世界遺産

本文

　日本には、古いお寺や神社がたくさんあります。毎年、これらの観光地に多くの人が訪れています。日本を訪問する外国人観光客の数は、2000年には約476万人でしたが、2017年には2869万人にまで増えました。人気のある観光地は、伏見稲荷大社、金閣寺や清水寺、厳島神社や原爆ドームなどです。

　世界にも、かけがえのない自然や建物がたくさんあります。これらの大切な文化財を守るために、1978年からユネスコによる世界遺産登録が行われています。例えば、ギリシャのパルテノン神殿*1、フランスのヴェルサイユ宮殿*2、エジプトのアブ・シンベル神殿*3、カンボジアのアンコールワット*4、インドのタージ・マハルなどの建物が文化遺産として登録されています。

　日本の文化遺産は、2019年の時点で以下の19の文化遺産と4つの自然遺産が世界遺産に登録されています。

1．平泉の文化遺産*（岩手県）　　2．日光の社寺（栃木県）
3．白川郷・五箇山の合掌造り集落（岐阜県・富山県）
4．富岡製糸場*（群馬県）　　5．ル・コルビュジエの建築作品*（東京都）
6．富士山*（静岡県・山梨県）
7．古都京都の文化財（京都府（京都市、宇治市）滋賀県（大津市））
8．古都奈良の文化財（奈良県）　　9．法隆寺地域の仏教建造物（奈良県）
10．紀伊山地の霊場と参詣道（和歌山県・奈良県・三重県）
11．百舌鳥・古市古墳群（大阪府）12．姫路城（兵庫県）
13．石見銀山遺跡*（島根県）　　14．原爆ドーム（広島県）
15．厳島神社（広島県）
16．明治日本の産業革命遺産*（山口県・佐賀県・長崎県・福岡県・熊本県・鹿児島県・岩手県・静岡県）
17．宗像・沖ノ島*（福岡県）
18．長崎と天草地方の潜伏キリシタン関連（長崎県・熊本県）
19．琉球王国のグスク*（沖縄県）

また、自然遺産として①知床（北海道）、②白神山地（青森県・秋田県）、③小笠原諸島（東京都）、④屋久島（鹿児島県）が登録されています。文化遺産の中でも原爆ドームのように、戦争などで残された遺産のことは特に「負の遺産」と呼ばれるそうです。これは、戦争のような悲しい歴史を二度と繰り返さないように残していこうというものです。他にも、アウシュヴィッツ強制収容所*5（ポーランド）やオーストラリア囚人遺跡群などがあります。

　世界遺産条約を結んでいる国は、現在（2018年）193か国で、ヨーロッパを中心に1092の世界遺産があります。これらの世界遺産は、地球や過去の人類の歴史を語り継ぐ貴重な文化財だけのことはあり、人々に感動と深い印象を与えます。世界遺産に選ばれるためには、長く保護しなければいけないという条件があります。そのため、世界遺産にふさわしい自然や文化財があっても、国の法律が整っていないことや、戦争や貧困のために保護が難しいという理由で、世界遺産として登録できないところもあります。

　しかし、世界遺産に登録することが最終の目的ではありません。世界遺産として登録することは、世界の人々が協力してかけがえのない遺産を守っていくための第一歩です。本当に大切なのは、世界遺産に登録されているかどうかではなく、今まで残されてきた大切な自然や文化を守り、それを次の世代に伝えることです。そして、私たちが築いた遺産も次の世代に語り継いでいきたいものです。

*1：正式には「アテネのアクロポリス」として登録され、パルテノン神殿はそのうちの一つ。
*2：正式には「ヴェルサイユの宮殿と庭園」として世界遺産に登録されている。
*3：正式には「アブ・シンベルからフィラエまでのヌビア遺跡群」として世界遺産に登録されている。
*4：正式には「アンコールの遺跡群」のひとつとして世界遺産に登録され、アンコールワットはそのうちの一つ。
*5：正式には「アウシュヴィッツ・ビルケナウ ナチス・ドイツの強制絶滅収容所」として登録されている。
*日本の世界遺産の名称も、わかりやすく表記するため正式な登録名称と異なります。

トピック **12** ｜ 世界遺産

言葉リスト

◆次の言葉の読み方を書きなさい。わからない言葉の意味を調べましょう。

言葉	読み方	意味
寺		
神社		
観光地		
訪れる		
訪問する		
かけがえのない		
建物		
大切な		
文化財		
世界遺産		
登録		
行う		
神殿		
宮殿		
仏教		
建造物		
明治		
産業革命		
戦争		
残す		
歴史		
繰り返す		

240

条約		
結ぶ		
地球		
過去		
人類		
語り継ぐ		
貴重な		
感動		
印象		
与える		
選ぶ		
保護する		
条件		
ふさわしい		
法律		
整う		
貧困		
最終		
目的		
協力する		
守る		
第一歩		
世代		
築く		

トピック **12** | 世界遺産

漢字言葉学習

1．次の漢字の読み方を書きなさい。

(1) 遺産　　（　　　　　　　）　　(2) 地球　　（　　　　　　　）

(3) 歴史　　（　　　　　　　）　　(4) 保護　　（　　　　　　　）

(5) 登録　　（　　　　　　　）　　(6) 文化　　（　　　　　　　）

(7) 戦争　　（　　　　　　　）　　(8) 神社　　（　　　　　　　）

(9) 行う　　（　　　　　　　）　　(10) 富士山　（　　　　　　　）

(11) 整う　　（　　　　　　　）　　(12) 貴重な　（　　　　　　　）

(13) 仏教　　（　　　　　　　）　　(14) 人類　　（　　　　　　　）

(15) 語る　　（　　　　　　　）　　(16) 貧困　　（　　　　　　　）

(17) 目的　　（　　　　　　　）　　(18) 観光客　（　　　　　　　）

(19) 訪れる　（　　　　　　　）　　(20) 感動　　（　　　　　　　）

2．次は何の言葉を説明していますか。本文の中から見つけなさい。

(1) 世界遺産登録を行っている国際的な機関の名前　　　　　（　　　　　　　）

(2) 昔の時代や人から現代に残された大切なもの　　　　　　（　　　　　　　）

(3) 何かを見て「すばらしい」という気持ちを持ったり、　　（　　　　　　　）

　　泣いたりする気持ち

(4) 旅行した時に訪れる有名な場所　　　　　　　　　　　　（　　　　　　　）

(5) 大切なものが傷つかないように守る　　　　　　　　　　（　　　　　　　）

トピック **12** │ 世界遺産

文法学習

1. 動詞（辞書形・た形・ない形・なかった形）＋そうだ（伝聞）
   イ形容詞＋そうだ（伝聞）
   ナ形容詞（な→だ）＋そうだ（伝聞）
   名詞＋だ＋そうだ（伝聞）

情報や人から聞いた話を伝える。情報源を表す「〜によると」と一緒に使うことが多い。

（1）ニュースによると、昨日＿＿＿＿＿＿＿＿＿＿＿＿＿＿＿＿＿＿＿＿そうだ。

（2）聞いた話によると、＿＿＿＿＿＿＿＿＿＿＿＿＿＿＿＿＿＿＿＿そうです。

（3）＿＿＿＿＿＿＿＿＿＿＿＿＿＿＿＿＿＿＿＿＿＿＿＿＿＿＿＿＿＿

「そうだ（推量）」と「そうだ（伝聞）」の違い

「そうだ」には2つ意味があります。使い方、意味を詳しく見ていきましょう。

◇そうだ（推量）：「自分で見て、〜と思う」ことを表す。

　動詞（ます形）＋そうだ

　イ形容詞（い→×）＋そうだ

　ナ形容詞（な→×）＋そうだ

　名詞には「そうだ」はつかない

例）駅前に新しいレストランができたみたいだ。おいしそうだから今度一緒に行こう。○

　　雨は止みそうもない。明日も雨が降りそうだ。○

　　明日は雨そうだ。×

◇そうだ（伝聞）：「自分で見たのではなく、ニュースや人から聞いた」ことを表す時に使う。

　動詞（辞書形・た形・ない形・なかった形）＋そうだ

　イ形容詞（〜い）＋そうだ

　ナ形容詞（な→だ）＋そうだ

　名詞＋だ＋そうだ

例）山下君が駅前の新しいレストランに行ったんだって。おいしいそうだから今度一緒に行こう。○

　　ニュースによると、明日も雨が降るそうだ。○

　　天気予報によると、明日は雨だそうだ。○

２．～は、 名詞 ＋というものだ

　　　～は、 イ形容詞・ナ形容詞・動詞（普通体） ＋というものだ

「～は」より前の内容を「～は」より後ろの部分で別の表現でわかりやすく説明したり、一般的に言われていることや考えられていることを述べたりする。

（１）子どもが一人で何でもできるようになったということは、親としては＿＿＿＿＿＿＿＿＿

　　　というものだ。

（２）置いてあるものを勝手に持って来るのは、＿＿＿＿＿＿＿＿＿＿＿＿というものだ。

（３）＿＿＿＿＿＿＿＿＿＿＿＿＿＿＿＿＿＿＿＿＿＿＿＿＿＿＿＿＿＿＿＿＿＿＿

３． 名詞 ＋（という）だけのことはある

「～にふさわしい価値、能力、効果がある」という一般的な評価を表す。話し手の感想や評価が加えられることがある。

（１）さすが＿＿＿＿＿＿＿＿＿＿＿＿だけのことはある。味付けも飾りもすばらしい。

（２）＿＿＿＿＿＿＿＿＿＿＿＿は ＿＿＿＿＿＿＿＿＿＿＿＿だけのことはあって、

　　　たくさんの人が訪れる。

（３）＿＿＿＿＿＿＿＿＿＿＿＿＿＿＿＿＿＿＿＿＿＿＿＿＿＿＿＿＿＿＿＿＿＿＿

４． 文（普通体） ＋かどうか

疑問詞を含まない質問文（「はい」か「いいえ」で答える質問文）を名詞の形にする。

　例）明日晴れますか。＋わかりません。　⇒明日晴れるかどうか、わかりません。

（１）＿＿＿＿＿＿＿＿＿＿＿＿＿＿＿＿＿＿＿＿＿＿＿＿かどうか聞いてみます。

（２）＿＿＿＿＿＿＿＿＿＿＿＿＿＿＿＿＿＿＿＿インターネットで調べてみます。

（３）＿＿＿＿＿＿＿＿＿＿＿＿＿＿＿＿＿＿＿＿＿＿＿＿＿＿＿＿＿＿＿＿＿＿＿

12

5. 動詞（　　　　　　形）＋たいものだ

話し手の強い願望を表す。「〜したい」よりも大きな願望で、日常的な願望には使わない。

（1）将来、働くようになったら＿＿＿＿＿＿＿＿＿＿＿＿＿＿＿＿＿＿＿＿たいものだ。

（2）貯金が貯まったら、＿＿＿＿＿＿＿＿＿＿＿＿＿＿＿＿＿＿＿＿たいものだ。

（3）＿＿＿＿＿＿＿＿＿＿＿＿＿＿＿＿＿＿＿＿＿＿＿＿＿＿＿＿＿

トピック **12** 世界遺産

内容理解

1．本文を読んで、正しい文に○、間違っている文に×を書きなさい。
（1）富士山は世界遺産に登録されています。（　　）
（2）世界遺産に登録されるためには、1000年以上昔のものでなければいけません。
　　　　　　　　　　　　　　　　　　　　　　　　　　　　　　　　（　　）
（3）主にヨーロッパに多くの世界遺産があります。（　　）
（4）ヨーロッパには1000以上もの世界遺産があります。（　　）
（5）アウシュヴィッツ強制収容所やヴェルサイユ宮殿は世界遺産ではありません。
　　　　　　　　　　　　　　　　　　　　　　　　　　　　　　　　（　　）
（6）世界遺産に登録されることは、大切な文化遺産を守るための最終目標です。（　　）

2．本文を読んで、次の質問に答えなさい。
（1）あなたが知っている日本の有名な観光地はどこですか。

（2）世界遺産登録はいつから、どこの機関が行っていますか。

（3）①世界遺産登録が行われている目的は何ですか。本文の中から9字で抜き出しなさい。

|　|　|　|　|　|　|　|　|　|ため

　②世界遺産に登録された文化財にはどんな役割がありますか。本文の中から16字で抜き出しなさい。

|　|　|　|　|　|　|　|　|　|　|　|　|

|　|　|　|こと

（4）世界遺産にはどのような種類がありますか。

（5）本文で紹介されている「負の遺産」の例を挙げなさい。これらの「負の遺産」は何を伝えるために残されていますか。

（6）日本で世界遺産に登録されている場所に次の印をつけなさい。
文化遺産のある都道府県は ◯ で、自然遺産のある都道府県は □ で囲みなさい。

（7）次の写真は世界遺産に登録されているところです。名前を書きなさい。またこれらの
　　　場所はどこの国にありますか。国名も書きなさい。

①　（　　　　　　　　　　　　）　　　　②　（　　　　　　　　　　　　）

国名（　　　　　　　　　）　　　　　　国名（　　　　　　　　　）

③　（　　　　　　　　　　　　）　　　　④　（　　　　　　　　　　　　）

国名（　　　　　　　　　）　　　　　　国名（　　　　　　　　　）

⑤　（　　　　　　　　　　　　）　　　　⑥　（　　　　　　　　　　　　）

国名（　　　　　　　　　）　　　　　　国名（　　　　　　　　　）

⑦　（　　　　　　　　　　　　）　　　　⑧　（　　　　　　　　　　　　）

国名（　　　　　　　　　）　　　　　　国名（　　　　　　　　　）

12

248

（8）世界遺産に登録するための条件は何ですか。本文の中から13字で抜き出しなさい。

という条件。

（9）「世界遺産に登録することが最終の目的ではありません」と書かれていますが、作者は何が大切だと伝えていますか。本文の内容をまとめて、説明しなさい。

（10）あなたの国に世界遺産に登録されているところはありますか。それはどんなところですか。

（11）世界遺産は世界のどの地域に多くありますか。それはなぜだと思いますか。本文の内容をもとに、考えてみましょう。

トピック **12** | 世界遺産

活動

活動のポイント

- 世界遺産の中から興味のある場所・建物を選ぶ
- 選んだ世界遺産がどのようなものか、その国や建物の歴史について本やインターネットで調べる
- 調べた内容をもとにパンフレットを作る

活動①の流れ：パンフレット作り

1. 世界遺産を決める・調べる
   ① 世界遺産を決めて、本やインターネットで調べる
   ② 世界遺産の画像をカラーでプリントアウトする

2. 情報をまとめる・パンフレットを作る
   ① ＜リサーチシート＞に情報をまとめる
   ② 構成を考える
   ③ 作文（下書き）を書く
   ④ 先生にチェックしてもらう
   ⑤ もう一度作文を書き直す
   ⑥ スピーチの練習をする
   ⑦ パンフレットを作る

   ＜パンフレット例＞

裏表紙	表紙

中身（構成を考えて調べた内容をわかりやすく書いたり写真を貼ったりする）

   ＊レイアウトやレタリング、マジックの色を工夫しましょう。
   ＊画像も貼って、目を引くパンフレットを作りましょう。

3. 発表する・評価する
   ① クラスの前でパンフレットを見せながら、世界遺産を紹介する
   ② 聞いている人は発表した人に質問をする
   ③ 聞いている人は評価表を使って評価する
   ＊パンフレットの仕上がりや内容、発表の様子を評価して、一番いいと思うパンフレットに投票し、一位を決める。

活動②の流れ：クイズ大会

① 世界遺産のクイズ大会をする（クイズはウェブサイトからダウンロード可能）
　＊ウェブサイトのクイズ以外に自分たちの発表に関するクイズを追加してもいい。
② 1問10点で点数をつけて、最後に優勝を決める

活動① パンフレット作り

　世界には 1000 もの世界遺産に登録されている場所や建物があります。その中から興味のある場所を選んで、その世界遺産を紹介するパンフレットを作りましょう。

＜リサーチシート＞

◆世界遺産についてまとめましょう。

①世界遺産の名前	
②世界遺産がある国・場所	
③世界遺産に登録された年	
④その世界遺産の歴史	
⑤その世界遺産を調べたいと思った理由	

12

251

＜世界遺産パンフレット紹介シート＞

　下の文は「世界遺産」を紹介するための基本的な作文の構成です。ツアーガイドになったつもりで世界遺産を紹介しましょう。下線部に必要な説明を入れて、作文用紙に全部書き写しましょう。自分で作文が書ける人は、自分で作文を書いてもいいです。

世界遺産パンフレット紹介サンプルフォーム

はじめ	私は＿＿＿＿＿＿＿＿＿＿＿について調べて、パンフレットを作りました。 　　　（世界遺産に登録された文化財の名前） ＿＿＿＿＿＿＿は＿＿＿＿＿＿にある＿＿＿＿＿＿です。 （世界遺産登録の文化財）　　（場所）　　　　　（種類） ＿＿＿＿＿年に世界遺産に登録されました。＿＿＿＿＿＿は （登録された年）　　　　　　　　　　　（世界遺産登録の文化財） ＿＿＿＿＿年に作られました。＿＿＿＿＿＿＿そうです。 　（作られた年）　　　　　　（世界遺産登録の文化財の情報）
なか	＿＿＿＿＿＿が建てられた時代は＿＿＿＿＿＿＿。 （世界遺産登録の文化財）　　　　　（その世界遺産が作られた時代の様子） 実際に自分の目で見ると、＿＿＿＿＿＿＿＿感じました。 　　　　　　　　　（その世界遺産を見た感想、印象） ＿＿＿＿＿＿といえば、＿＿＿＿＿＿が印象的です。 （世界遺産登録の文化財）　　　（その世界遺産の特徴など） しかし、近年は＿＿＿＿＿＿＿＿そうです。 　　　　　（現代におけるその世界遺産の様子など）
おわり	世界遺産に登録される文化財は、＿＿＿＿＿＿感じました。 　　　　　　　　　　　　　（世界遺産に対する感想など） もし＿＿＿＿＿＿たら、＿＿＿＿＿＿でしょう。 　（その世界遺産がない場合）（その世界遺産がなくなった場合の予想） ＿＿＿＿＿＿＿＿＿＿と心から思いました。 　（世界遺産に対する感想、印象など） 私たちは、＿＿＿＿＿＿＿ばいけないと思いました。 　　　　　（世界遺産に対する思い）

　1．パンフレットを作成し、その紹介文を作文用紙に400字くらいでまとめましょう。
　　　作文の提出日は、＿＿＿＿月＿＿＿＿日（＿＿＿）です。
　2．発表する日は、＿＿＿＿月＿＿＿＿日（＿＿＿）です。
　　　パンフレットを見せながら発表しましょう。

おすすめの文法・表現例

●紹介する

・〜について紹介したいと思います

・〜について調べてパンフレットを作りました　　・〜ことから〜そうです

●特徴を説明する

・〜といえば〜　　　　　・〜が印象的です

●感想を述べる

・〜と、〜感じました　　・〜たら〜でしょう

・〜と心から思いました　・〜ばいけないと思いました

世界遺産パンフレット紹介例
～世界遺産を紹介する～

はじめ	私は姫路城について調べて、パンフレットを作りました。姫路城は兵庫県の姫路市にあるお城です。1993年に世界遺産に登録されました。姫路城は1346年に作り始められました。何度か修復はされていますが、石垣は当時のものだそうです。
なか	姫路城が建てられ、使われていたのは戦国時代で、多くの戦いが繰り広げられていました。そのため、射撃用の窓や敵を襲うための石落としの穴などがいくつも作られていました。実際にそれを自分の目で見ると、とても歴史が近く感じられました。 　姫路城といえば、真っ白な壁が印象的で、そのため「白鷺城」とも呼ばれています。しかし、第二次世界大戦中は白い壁だと目立ちすぎて襲撃対象にされることから、真っ黒な網で覆い隠されたそうです。1945年に姫路市はアメリカ軍の空襲に遭い、城下は焼き尽くされました。姫路城にも爆弾が落とされましたが、何とか焼失することなく、当時の姿のまま残っています。
おわり	世界遺産に登録される文化財は、その国だけでなく世界にとって大切な文化財だと感じました。その文化財は、過去の歴史を伝える大切な遺産だと思います。もし第二次世界大戦中に焼失していたら、私たちは大切な歴史を見て、感じて、伝えることができなくなっていたでしょう。空襲で焼失を免れることができて、よかったと心から思いました。世界遺産は一度失うと、過去から受け継いできた大切な歴史を取り戻すことができません。私たちは、その大切な遺産と歴史を守り、伝え継いでいかなければいけないと思いました。

12

| 活動② | クイズ大会 |

◆自分の発表に関するクイズを作りましょう。

＜クイズ作り＞

1. _____

こたえ： _____

2. _____

こたえ： _____

3. _____

こたえ： _____

4. _____

こたえ： _____

◆クイズ大会をしましょう。ウェブサイトに載っているサンプルクイズと上のクイズ（ク
ラスで発表した世界遺産のクイズ）を使ってください。

＜手順＞

1. ペアか3人くらいのグループを作りましょう。

2. 各グループに小さなホワイトボードか紙を配り、そこに答えを書きます。答えは正し
く書いてください。

3. クイズの種類は10点、50点、100点の問題があるので、どの点数の問題を選ぶか、グ
ループで決めてください。

4. それぞれのグループが順番に問題を選びます。

5. 答えが正しければ点数を加えます。
（問題を選んだグループだけに回答する権利があるクイズもあれば、全グループに回答
権があるクイズもあります。クイズの問題に指示があります。）

6. 最後に一番得点の高いグループが優勝！

リスニング用スクリプト

トピック5　昔話

　昔々、あるところにおじいさんとおばあさんが住んでいました。ある冬の雪の日、おじいさんが町にたきぎを売りに出かけると、けがをした鶴を見つけました。おじいさんは鶴をかわいそうに思って、助けてあげました。

　雪が降る夜、美しい娘がおじいさんとおばあさんの家へやってきました。娘が「道に迷ったので一晩泊めてほしい」と言ったので、おじいさんとおばあさんは家に泊めてあげました。

　次の日も、また次の日も雪はなかなか止まず、娘はおじいさんとおばあさんの家に泊まりました。娘はおじいさんとおばあさんの世話をして、楽しく過ごしました。そして、娘はおじいさんとおばあさんと一緒に暮らしたいと頼みました。おじいさんとおばあさんは喜びました。

　娘は、ある日「布を織りたいので糸を買ってきて欲しい」と頼みました。おじいさんが糸を買って来ると、娘は「絶対に中を見ないで下さい」と言って、何日も部屋から出ないで、布を織りました。

　娘が織った布はとてもきれいでした。

　おじいさんが町に布を売りにいくと、娘が織った布は町で高く売れました。

　娘はまた布を織ると言って部屋に入りました。ところが、おじいさんとおばあさんは、いったいどうやって娘がきれいな布を織るのか見たくて、部屋の中を見てしまいました。

　部屋には娘ではなくて、鶴がいました。鶴は自分の羽を抜いて布に混ぜて作っていました。鶴はやせて、かわいそうな姿になっていました。

　娘は部屋から出てくると、おじいさんに助けてもらった鶴だと話しました。本当の姿を知られたので、娘はもう一緒に暮らせないと言いました。

　そして、鶴の姿に戻って、空へと飛んで行きました。

トピック9　日本料理

　2013年、日本料理は（①　ユネスコ　）の無形文化遺産に登録されました。これは、（②　フランス　）料理、（③　地中海　）料理、（④　メキシコ　）料理、（⑤　トルコ　）料理についで（⑥　5　）番目です。日本料理が無形文化遺産に登録された理由として、次の理由が挙げられます。まず一つめに（⑦　多様　）で（⑧　新鮮　）な食品の持ち味を大切にしていること、二つめに（⑨　栄養　）バランスがよく健康的な食事だということ、三つめに（⑩　自然　）の美しさや（⑪　季節　）の変化を料理を通して表現していること、最

255

後に正月などの（⑫　年中行事　）と深い関係があることです。このように、日本料理は健康的というだけでなく、料理を通して文化や季節の変化も楽しむことができます。

トピック 10　慣用句

　慣用句とは、ある状況や（①　習慣　）を身近なものに例えて説明する表現で、人々に長く広く使われてきました。（②　体　）の一部を使った表現や（③　動物　）の名前を使った表現などがあります。例えば、体の一部を使った慣用句の例として「顔が広い」「鼻が高い」などがあります。「顔が広い」というのは「顔が大きい」という意味ではなく、「（④　知り合い　）がたくさんいる」という意味です。「鼻が高い」というのは実際に鼻が高いのではなく、「（⑤　自慢　）に思う」という意味を表します。また動物の名前を使った慣用句の例として「（⑥　猫　）の手も借りたい」「すずめの涙」などがあります。前者は「とても忙しい」、後者は「とても少ない」という意味です。こういった慣用句を他の言語に訳す時は、その慣用句の意味を理解して訳すことが必要です。日本語の表現をそのまま英語に訳して“Your face is wide.” “My nose is tall.” “I want to borrow my cat's hands.” “It's like a sparrow's tears.” と言っても意味が通じません。（⑦　翻訳　）する時は、元の言語の意味をきちんと理解して、その意味を伝えることが大切になります。

トピック 11　オリンピック

　古代オリンピックは、紀元前９世紀に始まり、（①　ギリシャ　）で行われていました。オリンピックは、もともとギリシャのオリンピアの神々を祭るための（②　宗教　）的な行事でした。その時は、競走の１種目しかありませんでした。その後、競技種目は増えましたが、（③　392　）年にローマ帝国が国の宗教をキリスト教に決めたため、オリンピックはなくなりました。その後、1896 年に再びオリンピックが開かれました。現在では、陸上や（④　水泳　）などの夏季オリンピックとスケートやスキー、（⑤　スノーボード　）などの冬季オリンピックが行われています。それぞれの大会は世界のいろいろな国で（⑥　4　）年ごとに開かれています。オリンピックのシンボルは青、黄色、黒、緑、赤の５色の輪をつなげたものです。このデザインは、（⑦　地球　）の大陸を表し、スポーツを通し、世界が一つになって、（⑧　平和　）になることを願って考えられました。

トピック 12　世界遺産

　ユネスコは英語の the United Nations Educational, Scientific and Cultural Organization の（①　頭文字　）をとって、名前がつけられました。ユネスコは、（②　国際連合　）の機関

の一つで、戦後の教育、（③　科学　）、文化の発展を通じて平和と安全に貢献することを目的としています。第二次世界大戦後、ユネスコ憲章が採択され、1946 年に設立されました。本部は、フランスの（④　パリ　）にあります。ユネスコ憲章には、「（⑤　戦争　）は人の心の中で生まれるものであるから、人の心の中に（⑥　平和　）のとりでを築かなければならない」と書かれています。ユネスコは、教育や文化の発展を目指し、悲劇を繰り返さないために造られました。ユネスコの活動には、識字率の（⑦　向上　）や義務教育の（⑧　普及　）、世界遺産の（⑨　保護　）と登録があります。2018 年の時点で世界遺産条約を結んでいるのは、世界で 193 か国になっています。世界遺産に登録されているのは、世界で 1000 を超えます。アジアやアフリカよりも（⑩　ヨーロッパ　）に多くの世界遺産があります。最もたくさん世界遺産がある国はイタリアで、次に中国、スペインと続きます。2019 年の時点で、日本には 19 の文化遺産と 4 つの自然遺産が世界遺産に登録されています。ユネスコの活動を広めることと理解を深めてもらうため、世界の有名な人たちが親善大使となって、普及活動をしています。

「つなぎ言葉」のまとめ

・**順番**：まず、最初に、第一に、一番初めに 、次に、それから

　　例）遅れるときは、まず 学校に電話をしてください。

・**順接・結果**：そして、だから、それで、そのため、そこで、したがって、すると、
　　　　　　　　その結果

　　例）家に6時に帰りました。そして 、宿題をしました。

　　　　この店はできたばかりだ。それで 、人がたくさん来ているんだね。

・**追加**：また、さらに、その上、それに、しかも、それから

　　例）私の趣味は料理です。また 、読書も趣味です。

・**逆接**：でも、しかし、ところが、けれども、しかしながら

　　例）宿題をしました。でも 、家に忘れました。

・**対比**：一方、逆に、反対に、反面

　　例）都会の人口は増えている。一方 、田舎の人口は減っている。

・**理由**：なぜなら、というのは

　　例）日本の人口が減っている。なぜなら 、子どもの数が減っているからだ。

・**例示**：例えば

　　例）日本への観光はアジアの国で人気だ。例えば 、中国、韓国、台湾などから特に多い。

・**言い換え**：つまり、すなわち、要するに

　　例）この商品は大ヒットだ。つまり 、今の時代のニーズに合っていたということだ。

・**まとめ**：このように

　　例）○○高校は、外国語が話せる先生がたくさんいます。外国の生徒もたくさんいます。
　　　　このように 、○○高校は、国際的な学校です。

◆練習

次の文に入る最もよい「つなぎ言葉」を選びなさい。

まず	すなわち	そして	その上	例えば
しかし	一方	このように	なぜなら	それで

(1) 田中君は、スポーツが得意です。[　　　　　　　　]成績もいいです。

(2) スピーチコンテストのために一生懸命練習した。[　　　　　　　　]、予選で落ちて
しまった。

(3) A：Cくん、テストで100点取ったんだって。
　　B：[　　　　　　　　]、あんなにうれしそうなんだね。

(4) 大学に入るためには、[　　　　　　　　]一生懸命勉強しなければいけません。

(5) 日本は電気で走る車を作ったり、リサイクルをしたりしています。[　　　　　　　　]
日本は、環境を大切にしています。

(6) 私は中国で生まれました。[　　　　　　　　]、15歳まで中国にいました。

(7) A：どうして、ここの道路は通行止めになっていますか。
　　B：[　　　　　　　　]、この先で交通事故があったからです。

(8) 子どもの幸せ、[　　　　　　　　]、それは親の幸せでもある。

(9) 雨が降らずに農作物に被害が出た地域もある[　　　　　　　　]、洪水の被害を受け
た地域もある。

(10) [　　　　　　　　]、茶道、華道、着物のような日本の伝統的な文化に興味を持つ外
国人が多い。

259

著者

有本　昌代（ありもと　まさよ）
大阪外国語大学、神戸大学大学院にて英語教育、日本語教育を学ぶ。
インターナショナルスクールにおける国際バカロレア機構の IB プログラムの指導経験を生かし、学校教育における日本語指導カリキュラムと教材開発の研究に取り組む。
オーストラリアで日本語アシスタント、タイの大学において日本語教育と年少者を対象とした教授法の指導を経て、現在は大阪の公立学校で日本語指導に携わり、教材の開発や教員研修なども行う。

イラスト
有本昌代、内山洋見（48、114 ページ）

カバーイラスト
有本昌代

装丁・本文デザイン
柳本あかね

画像提供：

PIXTA	135 ページ　（a）〜（e）
	236 ページ 4.（a）〜（d）
	248 ページ(7)①〜⑤、⑦
慶應義塾福澤研究センター	154 ページ 2.(1)
台東区立一葉記念館	154 ページ 2.(2)
（公財）野口英世記念会	156 ページ
広島県	248 ページ(7)⑥
loonger/Latimeria chalumnae/ゲッティイメージズ	135 ページ　（f）

外国人生徒のための教科につなげる日本語
基礎編

2019 年 11 月 22 日　初版第 1 刷発行
2024 年 6 月 13 日　第 3 刷 発 行

著　者　　有本昌代
発行者　　藤嵜政子
発　行　　株式会社スリーエーネットワーク
　　　　　〒102-0083　東京都千代田区麹町 3 丁目 4 番
　　　　　　　　　　　トラスティ麹町ビル 2 F
　　　　　電話　営業　03（5275）2722
　　　　　　　　　編集　03（5275）2725
　　　　　https://www.3anet.co.jp/
印　刷　　三美印刷株式会社

ISBN978-4-88319-804-7　C0081
落丁・乱丁本はお取替えいたします。
本書の全部または一部を無断で複写複製（コピー）することは著作権法上での例外を除き、禁じられています。